TOUS CHAMANES

ENQUÊTE

SUR
LES NOUVELLES SPIRITUALITÉS

L'ADN

Sur les réseaux, leur influence pèse des milliards. Sur TikTok, le #astrology a généré 54 milliards de vues, de vidéos, le #witchtok, 32, le #starseed, plus de 1,2. Avec ses 704 millions de vues le #shaman pourrait sembler à la traîne. Ne nous y trompons pas. Dans le dernier recensement anglais et gallois, paru fin 2022, le chamanisme apparaît comme la religion qui progresse le plus et le plus vite.

Ensemble, ces croyances hétéroclites bricolent de nouvelles mythologies. Dans un maelstrom créatif et désarmant, elles agrègent les traditions ancestrales aux pratiques new age, mélangent les références à des cultures mythiques et disparues avec celles de galaxies *far, far away*, inspirées par les images de Hubble ou l'imaginaire de la pop culture. Ici, fusionner des références à la physique quantique aux préceptes du développement personnel ne pose aucun problème. Au contraire. Les voies de l'univers ne sont plus du tout impénétrables, et on peut lui parler en direct.

La spiritualité est devenue *mainstream*. La spiritualité, à ne pas confondre avec les religions – perçues comme trop autoritaires, hiérarchiques, pas assez reliées aux aspirations spécifiques de chacun. La spiritualité, pratique qu'il faut d'emblée mettre au pluriel, car les courants sont multiples, mutants et vaporeux. D'où la difficulté d'en dresser le panorama. Ses représentants les plus actifs restent autonomes, et ne coordonnent ni leurs préceptes ni leurs actions. Quant aux pratiquants, ils sont déclarés libres de tracer leur propre voie en réagrégeant à leur convenance les sources qu'ils se seront choisies. Ni dogme ni institution, donc, mais une liberté qui n'empêche pas les marchands de prospérer. Amulettes, bijoux, oracles, T-shirts à message, livres, soins, retraites, formations..., tout un bric-à-brac qui forme une nouvelle esthétique. Désormais, tout ce que

---

On ne les attendait plus.
Pourtant, ils sont partout et ils progressent !
Chamanes, sorcières et magiciennes, devins, druides, astrologues et, désormais, graines d'étoile... se multiplient et fascinent.

vous faites et possédez peut être chargé de sens et devenir soin, tout votre quotidien peut devenir un rituel, personnel et sur mesure. Au bout du bout, et on espère même un peu avant, votre quête est censée partir de votre moi le plus authentique et vous faire atteindre la meilleure version de vous-même.

Que disent de nous ces nouvelles spiritualités ? Sont-elles une rupture fondamentale dans nos croyances ou la dernière mutation de tendances plus anciennes ? L'expression d'une angoisse passagère liée aux confinements ou celle d'une quête de sens comme antidote au matérialisme ? Un danger de type sectaire ou la libération d'une spiritualité plus ouverte et plus souple ? L'émergence d'un nouvel imaginaire, *mashup* de pop culture et de culture numérique, ou un hashtag sur TikTok qui durera moins qu'une génération ? Un grand délire foutraque ou la fin de l'ère chrétienne ? Est-ce un peu tout cela ? Bref. Internet a-t-il tué Dieu, ou Dieu s'est-il mis sur TikTok ?

L'ADN vous propose une plongée dans la psyché de notre temps en trois temps.

Le temps du témoignage, d'abord. On est allés à la rencontre de starseeds, ces graines d'étoile qui prétendent venir d'une autre galaxie pour sauver l'humanité. Celui de l'enquête, ensuite, sur les business associés aux nouvelles spiritualités, car ces pratiques spirituelles ne sont pas si désincarnées quand il s'agit de trouver des modèles économiques. Et enfin le temps de l'analyse, avec l'intervention d'experts de ces sujets.

Prêt à un voyage dans le monde de l'esprit ? Bienvenue dans les nouvelles spiritualités...

Par

Béatrice Sutter

ÉDITO

Sommaire

CEUX QUI LE VIVENT 1

Les témoignages

CEUX QUI EN VIVENT 2

L'enquête

CEUX QUI LE PENSENT 3

L'analyse

1

DES CHIFFRES ET DES FAITS

LES TÉMOIGNAGES

CEUX QUI LE VIVENT

Datarama

106,3

millions de messages

En 2022, les nouvelles spiritualités ont représenté 106,3 millions de messages dans le monde sur les réseaux sociaux, avec trois fois plus de posts qu'en 2017. Sur ces millions de publications, 35 % concernent l'astrologie.

Source : Visibrain

20 202 422

de publications

C'est le nombre en rapport avec le #tarot partagées à ce jour sur Instagram. Au programme : photos de cristaux, de bougies pastel et de jeux de cartes aux esthétiques mayas ou aztèques.

Source : Instagram au 14 février 2023

Par

Laure Coromines

6

millions de vues

Sur TikTok, en France, le #chamane frôle les 6 millions de vues. Son pendant celtique, #druide, compte déjà plus de 7,1 millions de vues.

Source : TikTok au 10 février 2023

40 %

des moins de 35 ans

La croyance dans les envoûtements et la sorcellerie est de plus en plus répandue, avec 40 % des moins de 35 ans qui adhèrent à l'idée, contre seulement 20 % chez les 50 ans et plus.

Source : Sondage Ifop « Les Français et les parasciences », réalisé en novembre 2020

2/3

des jeunes

Les thèses platistes et créationnistes et les *fake news* médicales seraient plus répandues chez les jeunes que chez les seniors, avec au moins 2 jeunes sur 3 qui adhèrent à l'une de ces contre-vérités, soit 69 % des sondés.

Source : Enquête « Jeunes et réseaux sociaux : quels rapports à la science et aux para-sciences à l'ère de TikTok ? », publiée en janvier 2023 par la Fondation Jean Jaurès

33 %

de saisines en plus

En 2021, le nombre de saisines dont la Miviludes a été l'objet a bondi de 33 %, atteignant ainsi les 4 020 sollicitations. Parmi celles-ci, 744 concernaient le domaine de la santé, 173, le développement personnel, 116, le yoga, et 59, le chamanisme.

Source : Rapport d'activité 2021 de la Miviludes. La mission interministérielle de vigilance et de lutte contre les dérives sectaires est un organisme de l'État français créé en 2002

No comment

Le phénomène
en faits

Protocole Miracle

1987

© Godslar Zbo

À la fin de la guerre froide, le médecin américain Marc Micozzi découvre un remède naturel contre le cancer : l'eau de la rivière Yangtsé, en Chine. C'est le protocole Micozzi. Le docteur prétend qu'il fait trembler le Big Pharma.

Salutations au soleil

20 août 2018, *Technikart*

Depuis 2016, Louis Vuitton fait appel à un chamane pour assurer le beau temps lors de ses défilés. En 2018, c'est Meghan Markle et le Prince Harry qui souscrivent à ce type de service pour éviter la pluie le jour J.

Parce que pourquoi pas ?

Août 2022, *Libération*

Pour faire tomber la fièvre, Irène Grosjean, naturopathe de 92 ans, recommande « le bain de siège à friction de Louis Kuhne », soit le fait de frictionner les parties génitales des enfants.

Bluetooth spirituel

Février 2022, *L'ADN*

Hiver 2022, Santa Teresa, au Costa Rica. Un hôtel de luxe propose à ses hôtes d'ouvrir un portail spirituel. Objectif ? Se connecter par la pensée à un autre cercle de méditation, qui se trouve à Bali, en Indonésie.

Fox et sex-toy

2 octobre 2022, *Le Parisien*

Un Franco-Béninois a été arrêté pour avoir proposé des cours d'éveil à base de taoïsme. Sa promesse : transformer les femmes en FOX (Female Orgasm Xpert), capables d'atteindre « les huit portes orgasmiques ».

Cabale et fin du monde

15 août 2022, *Vice*

© Sebastian Spindler

Persuadé que sa femme a transmis de l'ADN de reptilien à ses deux jeunes enfants, l'Américain Matthew Coleman, adepte de QAnon, les assassine au Mexique à coups de fusil harpon.

Matcha et chirologie

18 décembre 2022, *Télérama*

© Anna Tukhfatullina

Contresort, le premier salon de thé ésotérique de Paris, organise des soirées tirages lors desquelles Queendomancie, cartomancienne tatouée aux 4 000 abonnés Insta, répond aux questions des néophytes.

Dans une galaxie très très lointaine

7 janvier 2021, *Medium*

Avant de prendre d'assaut le Capitole, le chamane et énergéticien encorné Jake Angeli a créé la Starseed Academy, une école dédiée aux êtres stellaires évolués appelés à sauver le monde.

STARSEEDS,

ILS SONT LÀ POUR SAUVER LE MONDE

Par

Laure Coromines

Ils se disent starseeds, des graines d'étoile, donc. Ils ont découvert qu'ils venaient d'une autre galaxie. Leur mission : faire entrer l'humanité dans son âge d'or.

Photographie
Airam Datoon

Sur le plafond de la chambre de Cassandra, des dizaines d'étoiles phosphorescentes brillent dans le noir. « C'est pour me rappeler d'où je viens. De la galaxie d'Andromède, à 2,55 millions d'années-lumière du soleil. Cette galaxie est née il y a plus de 10 milliards d'années, c'est l'une des plus vieilles de l'univers. On a le même âge, elle et moi. »

Pour « se reconnecter à [ses] racines cosmiques », Cassandra fait le vide dans son esprit et se projette vers les océans et les halos dorés de sa planète d'origine. Deux fois par jour, elle médite devant le petit autel qu'elle a composé au pied de son lit. Sur un banc de bois, elle a entreposé plusieurs objets hétéroclites : une figurine de Vishnu, dieu hindou gardien du temps, une gravure encadrée du système solaire chinée dans un vide-grenier, quelques pierres de lune aux reflets bleutés, et deux minuscules plantes dans des pots aux couleurs de la Voie lactée. « Je suis une très vieille âme. Mon essence, mon énergie est née dans un autre recoin de l'univers seulement quelques années après la création d'Andromède. J'essaie de me projeter là-bas régulièrement pour continuer de faire vivre cette partie de moi qui est la plus parfaite », explique la jeune de femme de 25 ans en caressant rêveusement Saturne, son petit chat roux. Étudiante en lettres et histoire de l'art à Reims, Cassandra a récemment découvert qu'elle était une « starseed » (une graine d'étoile, en français), une âme à l'origine extraterrestre née dans une autre galaxie. « Je me suis toujours sentie à part, pas comme les autres. Attention, cela ne veut pas dire supérieure, s'empresse de préciser Cassandra. Mais je sais que ma réincarnation sur Terre n'est pas accidentelle. Je suis ici pour accomplir une mission précise. »

> Je sais que ma réincarnation sur Terre n'est pas accidentelle.
>
> Je suis ici pour accomplir une mission précise.
>
> **CASSANDRA**

« C'EST UN PEU COMME SI JE RESSENTAIS LA GRAVITÉ PLUS QUE LES AUTRES. »

Quelle mission ? L'étudiante tâtonne encore. Elle sait cependant qu'en tant qu'Andromédienne, « une race de starseed particulièrement rare », elle mettra ses dons au service des humains. « Beaucoup de choses se sont éclairées lorsque j'ai découvert ma vraie nature. J'ai toujours eu une perception très aigüe du temps et de l'espace, je ne savais pas d'où cela me venait. Comme beaucoup de starseeds venues d'Andromède, j'ai d'importantes capacités de télépathie. La vie sur Terre est particulièrement dure pour moi, puisque dans ma forme originelle j'existe dans un plan en 12 dimensions, avec une densité très différente d'ici. C'est un peu comme si je ressentais la gravité plus que les autres. Comprendre qui j'étais a été un vrai soulagement », affirme-t-elle en jouant avec son pendentif : une étoile à la teinte irisée. Son origine interstellaire, Cassandre l'a découverte au détour d'un forum dédié aux échanges entre êtres astraux « éveillés ». Sur la messagerie instantanée Discord, elle a fait la rencontre d'un Acturien, un habitant du système planétaire d'Acturus, l'une des civilisations les plus avancées

Petit glossaire du nouveau new age

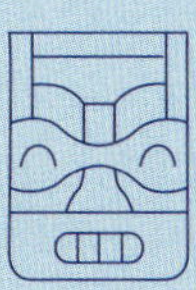

Du chamanisme au spiritisme en passant par la méditation, les nouvelles spiritualités partagent imagerie et vocabulaire communs. Cinq mots-clés du champ lexical du nouveau new age.

Fréquence vibratoire :

Parfois appelée « taux vibratoire », elle désigne l'énergie émise par toute chose (une montagne, une pomme), les lieux (Le Mont-Saint-Michel) et les personnes. Plus la fréquence est élevée, mieux c'est. Elle dépend de notre santé physique et mentale, et peut être augmentée grâce à la prière, au soin énergétique, à la purification de son lieu de vie, que l'on réalise grâce à des fumigations de plantes, à un bol tibétain, ou encore à l'écoute de musique en 432 Hz.

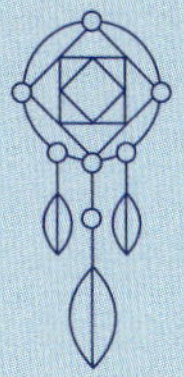

Cinquième dimension :

Ou « âge d'or », « conscience de cristal », « nouveau paradigme » et « ère du Verseau ». C'est le nom donné à la nouvelle ère à laquelle l'humanité accédera une fois débarrassée de son égo (la date n'est pas fixée). Grosso modo, nous la rejoindrons lorsque notre fréquence vibratoire et notre niveau de conscience seront suffisamment élevés pour assurer notre « ascension ». Quelques signes qui témoignent d'un passage de la troisième à la cinquième dimension : le temps semble illusoire, le monde, plus beau. Il devient possible d'accéder aux capacités de son nouveau corps multidimensionnel et de léviter ou de déplacer des objets avec l'esprit.

Flammes jumelles :

Elles sont le résultat de la scission d'une âme. Irrépressiblement unies par un lien karmique, les deux entités sont chacune porteuses d'une polarité opposée, le yin et le yang, dont la réunification permet la formation d'une entité complète. Cela vous rappelle la notion d'« âme sœur » ? Normal, c'est quasiment le même concept. Sauf que la connexion n'est pas forcément amoureuse, mais le signe d'une connexion forte lors d'une vie antérieure.

Chemin de vie :

Dit aussi « chemin de destinée » ou « nombre de vie », il est aux chiffres ce que l'astrologie est aux astres. Il se calcule à partir de la date de naissance et représente la vibration d'une personne. Il sert à exprimer la mission des individus sur Terre et indique la manière pour chacun d'obtenir bonheur/équilibre spirituel/haute fréquence vibratoire.

Channeling :

De l'anglais « *channel* » (« conduit »), il caractérise un procédé de communication verbale, écrite ou télépathique entre une entité non incarnée issue d'une autre dimension (un ange, une divinité, un extraterrestre, un être de lumière, un « maître ascensionné »...) et un humain servant de médium. Pour optimiser ses capacités réceptives, ce dernier pourra se plonger dans un état méditatif, de transe ou de conscience altérée.

de notre univers, qui n'existe que dans la cinquième dimension. C'est Acturo**75 qui lui a fait découvrir l'existence des starseeds, auxquelles elle s'est rapidement identifiée. « Depuis toute petite je me sentais comme exilée, mélancolique, nostalgique d'un endroit que je n'arrivais pas à identifier. En fait, j'avais le mal du pays, et maintenant je sais pourquoi. » Depuis qu'elle sait qui elle est, la jeune femme a changé de nom. Cassandra fait référence à Cassandre, l'héroïne de la mythologie grecque douée du don de prophétie. « La plupart de mes amis acceptent très bien qui je suis, même si tous ne comprennent pas exactement ce que cela implique. Mais bon... » D'un geste de la main, elle indique que cela n'a pas d'importance. « Cela ne m'empêchera pas d'accomplir ce que je suis venue accomplir. »

D'un être stellaire à l'autre, les dénominations varient, et certains préfèrent parler d'« artisans de lumière » plutôt que de starseeds. Pour Jean-Marc*, 35 ans, il faut comprendre la notion de « la naissance de l'âme ». L'ancien bouddhiste explique : « Les âmes sont des émanations de la matrice cosmique, de l'unité, de Dieu, dont elles se détachent par vagues pour s'incarner sur Terre ou ailleurs. Les artisans de lumière sont les âmes originelles, très pures, issues de la première vague d'incarnation. Une fois devenues singulières, ces entités se sont confrontées à leur ego, ce qui a conduit à de violents conflits. Après des guerres cosmiques interminables, elles se sont incarnées sur Terre. » Quand tout cela a-t-il eu lieu ? « Notre esprit ne peut pas le comprendre, on ne peut pas se connecter à la chronologie cosmique, ce n'est pas un espace-temps que nous pouvons comprendre, mais cela s'explique très bien par la physique quantique », précise le trentenaire.

« LE NOYAU DE L'ÂME EST INOXYDABLE, COMME DE L'OR. »

Pour réparer les dommages qu'elles ont causés, mais surtout pour rééquilibrer leur énergie et celle de la Terre, ces âmes vont être soumises à des épreuves difficiles. « Au fil de leurs différentes vies, elles vont devoir apprendre à se libérer de leur culpabilité pour devenir des antennes, des récepteurs de leur propre lumière. Chez tous les individus, le noyau de l'âme est inoxydable, comme de l'or. Mais les starseeds sont de vieilles âmes, et c'est cette antériorité qui fait leur puissance. Cela leur permet de développer de plus grandes capacités. » Pour cela, il faut placer la méditation et la connaissance de soi au centre de sa vie, tel que le prescrivent le bouddhisme, l'hindouisme ou le soufisme. « Comme tous les artisans de lumière, j'ai toujours eu un sentiment de décalage, j'ai toujours su que j'étais à part. » Ce sentiment, Jean-Marc le tient en partie de son histoire de famille, âpre et sinueuse. Enfant, il est abandonné en Inde, avant d'être adopté et de grandir en France. « J'ai développé des dons de clairvoyance et de clair-ressenti hallucinants. Si je tombe sur quelqu'un qui a besoin de mon énergie de guérison, je vais ressentir une douleur à un endroit précis dans mon corps, par exemple là où se logent la douleur et la mémoire émotionnelle de la personne. J'ai croisé un jour dans le métro un homme avec une tumeur, et je suis tombé par terre tant la douleur était intense. Enfin, je ne sais pas ce que j'ai détecté exactement comme problème, mais je sais que ce n'était pas à moi. » Après de longues années passées à travailler dans les médias et avant de devenir consultant, Jean-Marc a tenté une reconversion comme énergéticien. Longtemps, il a cru qu'il

LES ARTISANS DE LUMIÈRE SONT LES ÂMES ORIGINELLES, TRÈS PURES,

ISSUES DE LA PREMIÈRE VAGUE D'INCARNATION.

© Weezy

© Tainá Bernard

devait guérir les autres. « Mais l'univers m'a fait comprendre que ce n'était pas mon chemin. Mon chemin, c'est de m'aimer moi-même. » S'il se reconnaît starseed, Jean-Marc ne se retrouve pas forcément dans les représentations de la spiritualité proposée par certains guérisseurs. « Les étiquettes, le folklore, les rituels bidon, le style, cela ne m'intéresse pas ! Tu peux porter une banane fluo, des baskets Nike, parler n'importe comment et vivre une grande spiritualité. Pour moi, la vraie spiritualité, celle qui est vraiment saine, c'est la connaissance de soi. Pas besoin de te rattacher à un culte, à un dogme, à des croyances. Le bouddhisme, c'est un outil, et tu n'as pas besoin de ça. »
Le style, ça ne compte pas pour rien aux yeux de Coralie*, 18 ans. Cette lycéenne parisienne n'a aucune envie de « passer sous silence » son identité sidérale. D'ailleurs, elle a brodé sur deux vieux crop tops H&M la carte du ciel définissant son thème astral. Si la jeune fille porte aujourd'hui son origine galactique en étendard, elle n'a pas toujours affiché ses origines. « Je viens de Sirius, je m'en suis rendu compte grâce à une vidéo YouTube, partagée par une guérisseuse spirituelle, qui a fortement résonné en moi. J'étais assez paumée à l'époque, je ne savais plus trop d'où je venais, de quel système stellaire. Heureusement, il existe beaucoup de documentation, fournie par des âmes très élevées spirituellement, des guides. L'étoile d'où je viens, Sirius, vibre à une fréquence

différente, en six dimensions, elle est donc absolument non physique. Les Siriens comme moi sont les gardiens de l'évolution, là pour guider les humains “en période de turbulences” pour arriver vers un nouvel âge d'or. » Celui-ci est censé démarrer en 2032. Comment la mission de Coralie se traduit-elle au quotidien ? « J'essaie surtout d'accroître ma fréquence vibratoire et celles des autres, c'est beaucoup de travail. » Quand elle n'écume pas le Web à la recherche d'informations sur les starseeds ou ne médite pas sur son tapis de prière acheté lors d'un weekend à Marrakech, la lycéenne adepte de lithothérapie et de tarots aztèques s'exerce à la pleine conscience. « Ce niveau de conscience supérieur permet par ricochet de faire du bien aux autres, de les orienter, pour qu'eux-mêmes puissent à leur tour trouver leur soleil. »

Virginie* et Mylène* ont elles aussi à cœur d'aider les autres. Après un divorce et un burn out, Virginie, comptable de 42 ans, a décidé de changer de voie. Pour se « reconstruire », elle s'est mise au yoga au sein d'un petit studio décoré de drapeaux tibétains. Entre deux salutations au soleil, elle a très vite sympathisé avec Mylène. Cette quarantenaire bordelaise a aussi décidé de quitter son emploi « dépourvu de sens » pour devenir naturopathe. Après leur leçon quasi quotidienne de yoga Jivamukti, une pratique fondée à New York par David Life et Sharon Gannon en 1986, les deux amies partagent autour d'un thé chaï conseils de lecture, grigris en tous genres (Virginie ne jure que par les cristaux d'améthyste, « vecteurs de libération et de transformation ») et astuces pour détecter sa flamme jumelle, sorte d'âme sœur karmique. Mais, surtout, elles parlent de leurs vies passées. Depuis qu'elles se sont rencontrées, les deux femmes ont vu

L'étoile d'où je viens, Sirius, vibre à une fréquence différente,

en six dimensions, elle est donc absolument non physique.

CORALIE

« remonter à la surface » leurs souvenirs. Même si plusieurs millions d'années séparent leurs naissances (« Cela explique que Mylène soit bien plus avancée que moi en voyage astral », s'amuse Virginie), les deux yogis estiment venir des Pléiades. « Nous sommes toutes deux ultrasensibles, très réceptives et intuitives. Lorsqu'on se balade en forêt, les animaux sont immédiatement attirés par nous, on se croirait dans *Blanche-Neige* ! » Elles échangent un regard complice : « Heureusement que l'on s'est trouvées », concluent-elles.

*Le prénom a été changé

VU SUR LE NET

Par
Laure Coromines

LA CHAMANE PAS COMME LES AUTRES

Light Up Academy

« Et si je prenais un temps pour te raconter qui je suis, qui est Mélo, cette chamane instinctive ? » En deux mots : Mélo (@melochamane), 34 ans, ne peut « pas vivre autrement qu'en étant à sa place » et se « pose beaucoup de questions existentielles ». Elle rappelle à ses 85 abonnés qu'il ne faut pas copier les « protocoles » énergétiques d'autres praticiens, au risque de perdre de sa puissance et, bien pire, de « modifier sa propre énergie ». Mais, comme elle aime le rappeler, l'école Light Up Academy, où elle exerce, est là pour répondre à cette problématique. Hashtags de prédilection : #chamanisme #thérapieénergétique #capacitésextrasensorielles.

© Nicolas Cool

LE BARDE AUX T-SHIRTS DE MÉTALLEUX

Paganisme en face cam'

Eitlid se définit comme un barde d'Ogma (dieu irlandais de l'éloquence) et membre de l'OBOD (L'Ordre de Bardes, Ovates et Druides). Crâne rasé et piercings, le jeune homme transgenre compte quelque 70 000 abonnés sur TikTok (@eitlid). Il partage avec humour ses connaissances druidiques, qui permettent de réaliser que « tout ce qui nous entoure et tout ce qui se vit est naturel ». Hashtags de prédilection : #barde #druidisme #magie #celte.

SIOUX PAR PROXI

Road trip tambour battant

Yona, aka lapetitearizona_yona, 30 ans, est une Française mariée à Ben, Sioux de la tribu des Lakotas Oglalas. Depuis une réserve en Arizona, Yona raconte les pratiques ancestrales des tribus d'Amérique du Nord : réaliser un tambour en peau de bison, célébrer ses morts, ou laver ses cheveux avec un yucca. Quand elle part en excursion en van pour une cérémonie amérindienne, elle montre à ses 63 000 abonnés des montagnes safran.

© Jared Rice

LA CONSULTANTE SPIRITUELLE VENUE D'AILLEURS

Rencontre du troisième type

Frange rousse, grands yeux pâles, Quinlin Kennedy est une « vieille âme ». Elle vient de la constellation Lyre, ce qui fait d'elle une starseed (une « graine d'étoile », un être stellaire incarné sur Terre). Quand @mysticmamaq (213 000 abonnés) tire les runes « mouvement » et « protection », elle est traversée d'une vision (deux oiseaux bleus en plein vol), et les internautes sont émus.

SORCIÈRE 2.0

Ouvrez les yeux

Pour communiquer avec les morts, Meredith Grubb, piercing nasal et épais faux cils, s'arme de sa spirit box (une « boîte à esprit », un récepteur radio, donc) et de ses deux baguettes de sourcier (#dowsingrods, plus de 96 millions de vues sur TikTok). Elle entre en contact avec Katie, dont le père en prison a assassiné la mère. Katie implore : « Tu ne me vois donc pas ? » Sur son compte (@witchstick_), suivi par plus d'1,2 million de personnes, Meredith est « médium certifiée ». Quand elle tire les cartes, elle avertit sa communauté que « quelqu'un autour d'[eux] n'est pas complètement honnête » et recommande aux participants d'ouvrir les yeux.

LA TRAVAILLEUSE DE LUMIÈRE QUI FAIT DU BIZ

Si tu tombes sur cette vidéo, c'est un signe

Thaïs en est convaincue : 2023 sera l'année du changement. Sur @thesoulofwomen (l'âme des femmes), elle explique à près de 77 000 abonnés que « l'argent est une énergie qui a besoin de circuler librement » et que pour en avoir, il suffit de le vouloir. Sur une chanson de Nelly Furtado, elle affirme que tout le monde peut se libérer de ses liens affectifs toxiques. Hashtags de prédilection : #loidelattraction #loidelassomption, #manifestation.

LA THÉRAPEUTE QUANTIQUE

Je peux pas, j'ai pleine lune

Blonde platine aux mèches pastel, Laurie Guidance (@laurie.guidance, environ 8 000 abonnés) ne peut pas sortir avec ses copines lorsque la lune est pleine : elle doit recharger ses cristaux. Elle s'exerce à la thérapie quantique en magnétisant des bols de riz et partage ses découvertes – celle, entre autres, des « PO » (pour « portails organiques »). Il s'agit d'êtres « non connectés au divin » que l'on détecte parce qu'ils nous pompent l'air.

L'ARTISTE QUI VIBRE

L'amour est la solution

Sur fond de musique empruntée à Mozart ou à *Hunger Games*, Carine Létoiledame (@carine_letoiledame, 3 700 abonnés) donne dans l'art vibratoire. Au programme : guérir après une séparation douloureuse, choisir la voie de l'amour et dessiner des cœurs enflammés et des soleils roses saupoudrés de paillettes. Hashtags de prédilection (même si le rapport n'est pas clair) : #quantum #physiquequantique #physiquequantiqueetspiritualite

MOTHER GOD FAIT DES VIDÉOS

Par Laure Coromines

Rien ne prédestinait Amy Carlson à devenir la déesse de la Terre, ni à finir sa vie momifiée. Et pourtant.

Amy Carlson est née au milieu des années 1970 dans le Kansas, en plein cœur des États-Unis. Région de plaines et de tornades, Dorothy, l'héroïne du *Magicien d'Oz*, elle aussi aurait commencé ses aventures là. Et c'est en regardant le film qu'Amy Carlson aura une révélation : le graal, c'est elle – désormais, elle sera Mother God.

Nous sommes en 2007 quand cette blonde joufflue au brushing vaporeux décide de tout quitter : son job chez McDonald's, son dernier mari, et ses trois enfants. Mother God a aussi trouvé sa « flamme jumelle », son Father God, en la personne d'Amerith WhiteEagle, vieux hippie affable. Les deux Gods s'installent à Crestone, microcité du Colorado devenue capitale du new age. Amy recrutera ici les premiers disciples de sa communauté, la Galactic Free Press. Amerith WhiteEagle quittera l'aventure en 2014, remplacé dans sa fonction par Andrew Profaci, un très jeune homme timide, puis par Jason Castillo, un repris de justice violent et alcoolique.

Quels que soient ses déboires sentimentaux, Mother God garde le cap. Les revers de fortune, elle connaît. Réincarnée 534 fois, elle affirme avoir été Cléopâtre, Pocahontas, Marilyn Monroe et même Jésus-Christ. Dans cette vie, sa mission est claire : elle doit mener 144 000 âmes au grand réveil et devenir présidente des États-Unis.

À partir de 2009, Mother God commence à produire des vidéos. Sur fond d'arc-en-ciel et de musiques planantes, elle déclare ouverte « la paix sur le monde ». En 2015, elle réalise son premier miracle. Elle guérit Miguel Lamboy de son cancer. Fidèle parmi les fidèles, il sera désormais l'Archange Michael et assurera la comptabilité du groupe.

La chaîne YouTube du mouvement s'étoffe, des hippies malingres « streament » du matin au soir. Entre deux propositions de soins éthériques, ils vendent jeux de tarot, cristaux pastel et petits guides expliquant comment réussir son ascension – fumer des cigarettes deux fois par semaine et manger beaucoup de viande rouge. En 2018, la troupe vit recluse dans une maison du Colorado et change de nom : Love Has Won, ou LHW, à traduire par : l'amour a gagné.

Mother God semble éreintée par sa mission. Elle apparaît amaigrie, devient irascible, enchaîne les shots de tequila. Elle éructe ses messages, part dans de bruyants fous rires, elle est une « putain de Dieu » et veut qu'on lui apporte du poulet au parmesan. Elle finira par disparaitre des images : sa fréquence vibratoire trop élevée risquait de faire exploser l'enveloppe charnelle de son public. LHW continue de diffuser ses vidéos, véhicule les idées de QAnon, vire suprémaciste et négationniste. Les règles du mouvement se durcissent : les disciples, sous-alimentés, n'ont pas le droit de dormir plus de cinq heures par jour.

En 2020, les ennuis avec la justice commencent. Un père de famille au chômage s'est offert un soin éthérique à 15 000 dollars. Sa force vibratoire ayant été jugée trop faible, il est retrouvé en plein trip hallucinogène errant nu dans le désert, attirant ainsi l'attention des forces de l'ordre.

Être Dieu, c'est surtout une très grande fatigue.

MG

LHW s'installe sur une île à Hawaï, mais est rapidement chassé par la population lorsque Mother God affirme être la réincarnation de la déesse autochtone Pélé. De retour dans le Colorado, Mother God est interviewée dans l'émission télévisée américaine « Dr Phil », au cours de laquelle, accusée de terroriser disciples, enfants et animaux, elle explique qu'être Dieu, c'est surtout une très grande fatigue. En avril 2021, l'Archange Michael retrouvera le corps momifié, étrangement bleuté et énucléé de Mother God. Enveloppée dans un sac de couchage par ses disciples, couverte de guirlandes de Noël, elle gît entourée de lapins en peluche. D'abord inquiétés par la justice, les membres de LHW seront acquittés. L'autopsie révèle les causes de la mort d'Amy Carlson : surconsommation d'alcool, anorexie et ingestion d'argent colloïdal, une formule liquide que le groupe vendait en ligne pour guérir du Covid.

À VOIR

La chaîne YouTube de Love Has Won : 5D Full Disclosure

Vice, Meet 'Mother God:' The Leader of Love Has Won | False Gods, 2022

À LIRE

Pacôme Thiellement, « Mother God – Dieu est parmi nous – il fait des livestream sur YouTube », sur *Blast*

2

L'ENQUÊTE

CEUX QUI EN VIVENT

Data Business

Par
Laure Coromines

60 %

de hausse

des ventes de livres ésotériques en France sur l'année 2021. La catégorie compte toujours parmi les meilleures ventes.

Source : Expodif

14 %

d'augmentation

aux États-Unis pour l'importation de gemmes (hors diamants) en 2019. Parmi les pierres les plus populaires, l'opale et le quartz, dont les fragments polis sont pourtant vendus à des prix considérables, sont très abondants et peu chers à l'extraction.

Source :
Institut américain d'études géologiques

82,27

milliards de dollars

C'est la valeur du marché mondial des médecines douces en 2020.

Source :
Grand View Research

21 %

C'est la hausse

potentielle du tourisme du bien-être (cours de méditation, séances avec coach spirituel...) chaque année jusqu'en 2025. De nombreux hôtels se mettent déjà au diapason, proposant des séances de thérapies diverses dans leur offre bien-être.

Source : The Global Wellness Institute

80

milliards de dollars

C'est ce que pèse le yoga dans le monde, avec plus de 300 millions de pratiquants. La France en compte 3 millions, avec une croissance annuelle de 10 %, pour un taux de pénétration européen compris entre 5 et 8 % (vs 17 % aux États-Unis.)

Source : Forbes France

17 %

des utilisateurs

Instagram se positionnant sur l'astrologie se proclament aussi astrologues.

Source : Visibrain

© Elia Pellegrini

Le business juteux des marques « cosmiques »

Par
Nastasia Hadjadji

De Los Angeles à Paris en passant par Dubaï, les marques se mettent à promettre d'être « cosmiques ». Enquête sur un marché qui prospère malgré le flou scientifique qui entoure leurs produits.

Photographie
Simona Pilolla

Ouvrez grand vos chakras (et sortez vos porte-monnaie). Une nouvelle génération de marques bourgeonne sur Instagram, TikTok et dans les pages tendances des magazines. Leur point commun ? Un discours marketing qui emprunte aux spiritualités et sagesses non occidentales pour promouvoir un bien-être tant physique que psychique. Toutes appartiennent à un secteur qui a le vent en poupe, le *wellness*, un segment de marché aux contours flous, faisant cohabiter des marques qui exhument les propriétés « sacrées » de certains aliments, comme le café et le cacao, d'autres qui vendent des compléments alimentaires aux propriétés exotiques, ou encore des accessoires aux diverses promesses bien-être. Chaque marque traduit son positionnement dans un univers hautement instagrammable qui mélange des références à la sorcellerie et un vocabulaire tout droit sorti d'un ashram. Le marché prospère auprès d'une cible « premium », souvent citadine, et majoritairement composée de femmes. Ses produits surfent sur l'anxiété latente, la « quête de sens » et de transcendance d'une génération toujours plus désorientée.

DU CHOCOLAT AU CAFÉ, LE BUSINESS DES MARQUES « COSMIQUES »

Implantée à Paris et vendue en ligne, la marque Cosmic Dealer déclare s'inspirer de l'ayurveda, la médecine traditionnelle d'origine indienne qui s'attache à équilibrer le corps et l'esprit. Cosmic Dealer vise une cible urbaine, branchée, à fort pouvoir d'achat. Pour goûter aux saveurs cosmiques des fèves de cacao de la marque, il faudra débourser 14,50 euros pour une boîte de quatre « chocolats chakras », emballés dans des sachets individuels aux couleurs pastel agrémentés d'illustrations évoquant la spiritualité, et 9,50 euros pour la tablette de chocolat 100 % cacao.

Le business du cosmique concerne aussi le café, boisson devenue virale sur les réseaux sociaux. Cette tendance n'a pas échappé à Caroline Receveur, l'ex-star de la téléréalité devenue influenceuse et femme d'affaires, qui vient de lancer la marque Cosmic Goddess – cosmique encore, donc. Dans un étonnant patchwork, elle juxtapose les références au rétrofuturisme, à la fantasy et à la spiritualité. La marque est incarnée par « une super-héroïne fantastique, la Cosmic Goddess, qui fait référence au premier nom du café, le God's fruit (fruit de Dieu, ndlr) », précise Manon Peyroth Dantan, qui pilote le développement du projet. Pour réveiller la déesse qui sommeille en vous, comptez 16,50 euros pour un lot de trois boîtes de dix capsules de café *Hotter than Jupiter* ou *Mercury retrograde*, et 24,50 euros pour le thermos Venus. Forte de ses 5,2 millions de *followers* sur Instagram, Caroline Receveur espère faire de sa marque de café un business juteux. L'Américaine Emma Chamberlain, 21 ans, star d'Instagram avec 16,1 millions de *followers*, a lancé avec succès sa marque Chamberlain Coffee, « torréfié avec amour ». Pour poursuivre sa conquête de la génération Z en boutique, elle a levé 7 millions de dollars en 2022.

CONSEILS SEXO ET PRODUITS INSOLITES : LA RECETTE DE L'EMPIRE GOOP

En matière de bien-être, les Américaines ont clairement un temps d'avance. C'est aux États-Unis qu'ont émergé les marques culte du *wellness*, à l'image de l'incontournable Goop et de l'outsider Moon Juice.

© Birgith Roosipuu

Le marché prospère auprès d'une cible « premium », souvent citadine, majoritairement composée de femmes.

À voir

Chocolat français nouvelle vague - Cosmic Dealer, getcosmicdealer.com/fr

Stop thinking, start drinking, cosmicgoddess.com

Goop- ***A modern lifestyle brand,*** goop.com

Moon Juice - *Adaptogenic Beauty & Wellbeing*, moonjuice.com

À lire

Molly Young, « *How Amanda Chantal Bacon Perfected the Celebrity Wellness Business* », *The New York Times Magazine*, mai 2017

Prenez les initiales de la star hollywoodienne oscarisée Gwyneth Paltrow (GP), rajoutez le double « o » qui signe les marques à succès (Google, Yahoo!, Wanadoo), et vous obtiendrez Goop, la marque lifestyle devenue empire du *wellness*. Le succès démarre en 2008 avec une newsletter qui rassemble les conseils shopping et beauté de la star, alors jeune quadragénaire. Aujourd'hui, Goop vend la totale pour vous hisser jusqu'à la meilleure version de vous-même : des compléments alimentaires, des produits de beauté, mais aussi des vêtements en chanvre et même des accessoires de cuisine. Surtout, Goop vend le mode de vie de l'actrice, sa diète végétarienne ou crudivore, ses programmes de fitness et ses conseils beauté, prodigués chaque semaine auprès des 150 000 abonnées à sa newsletter. En matière de « potions », Goop s'est d'abord fait connaître pour sa gamme de compléments alimentaires, un marché qui explose et, en 2021, pesait plus de 151 milliards de dollars dans le monde.

La marque propose ainsi des poudres destinées à booster le métabolisme ou le microbiote, d'autres censées améliorer la vie sexuelle, toutes vendues à 55 dollars, ou encore une routine détox à 195 dollars. Mais le catalogue de Goop offre aussi des accessoires qui sortent de l'ordinaire, comme un sextoy en or massif vendu 1 300 dollars ou encore cette bougie baptisée « Cette bougie sent comme mon vagin », devenue un must de la marque.

À l'instar de Gwyneth Paltrow, qui clame son intérêt pour les médecines non conventionnelles dans la série Netflix *The Goop Lab*, Goop capitalise sur la défiance envers l'arsenal dit « allopathique ». Malgré les railleries et les scandales qui

Un marché très porteur, à l'intersection entre bien-être et médecine non conventionnelle.

ont émaillé son ascension dans le monde du business, la marque de l'actrice affiche effectivement une santé en acier trempé : en 2018, Goop était valorisée à 250 millions de dollars.

Ce marketing du bien-être intégral fait des émules. C'est à Los Angeles, capitale mondiale du *wellness*, qu'est née la marque Moon Juice. Elle compte dans ses produits phares une collection de poudres à diluer dans son café ou son smoothie. La Sex Dust vante une « stimulation de la production d'endorphines » et une « meilleure balance hormonale ». La Spirit Dust vise une amélioration du bien-être émotionnel : diluez une cuillère à café de cette poudre dans un verre d'eau et vous pourrez vous débarrasser de votre irritabilité. La Brain Dust promet une amélioration des capacités cognitives et un apaisement émotionnel général. Chacune de ces poudres est vendue au tarif unique de 38 dollars.

Du nom du produit (*dust* signifie « poussière » en anglais) aux couleurs terre de son packaging, tout fait référence à la nature et aux sagesses ancestrales. Les poudres s'intègrent dans des rituels quotidiens. Shatavari, Shilajit, Epimedium, Schisandra, Cordyceps, Eleuthero, Astragalus, Ashwagandha, Rhodiola…

Ces plantes et racines appartiennent à la catégorie des adaptogènes, censées aider le corps à résister au stress et à l'oxydation. D'autres comme le cacao et le café sont parfois appelées « nootropes », leurs vertus médicinales favoriseraient l'amélioration des capacités du corps. Le succès de la collection a poussé Moon Juice à développer de nouveaux produits, comme des poudres vendues sous l'appellation d'« eau cellulaire ». Une fois mélangées à de l'eau, ces potions composées essentiellement de vitamine B et de folates – des ingrédients somme toute très communs – sont supposées aider le métabolisme à « convertir les lipides, glucides et protéines en "valeur" pour les cellules ».

Si la marque Moon Juice cartonne, ce n'est pas simplement parce que sa fondatrice a su saisir l'air du temps et l'insuffler à ses produits. Moon Juice prospère sur un marché très porteur, à l'intersection entre bien-être et médecine non conventionnelle. Le seul marché des adaptogènes devrait peser 14 milliards de dollars d'ici 2027 aux États-Unis, marché test pour toutes les nouvelles tendances bien-être. En *businesswoman* avertie, la fondatrice Amanda Rogrove a su convertir les attentes d'une société toujours plus apte à confier sa santé à des produits aux étiquettes sophistiquées, qui vantent des bénéfices directs en matière d'amélioration de soi.

DES PRODUITS À LA SCIENTIFICITÉ DOUTEUSE

Le succès manifeste de Goop, Moon Juice ou Cosmic Dealer ne doit pas occulter le fait que les recettes proposées s'appuient rarement sur une base scientifique solide. Et ce malgré l'emploi d'un vocabulaire qui flirte avec le médical (le mot « cure » revient fréquemment). Aux États-Unis, Goop a été accusée de profiter de la confusion et de l'ignorance des gens en matière scientifique. La marque a ainsi été critiquée lorsqu'elle a fait la promotion de techniques bien-être douteuses, comme le *vaginal steaming* (le fait de passer son vagin à la vapeur, ndlr), ou encore lorsque sa fondatrice a vanté les mérites des œufs de jade, censés améliorer la tonicité du périnée mais aussi réguler les hormones, sans que l'efficacité scientifique de ce type de pratique ne soit avérée. L'affaire s'est terminée devant les tribunaux, et Goop a dû s'acquitter d'une amende de 125 000 dollars pour pratique commerciale trompeuse.

Mais pourquoi consentir à acheter des produits si chers, nimbés d'une aura de spiritualité néopaïenne ? « Dans nos sociétés occidentales marquées par le désinvestissement de la religion, l'envie de croire n'a pas disparu », avance Marion Mons-Catoni, planneuse stratégique senior au sein de l'agence de publicité DDB Paris. « Adhérer au discours sur la cosmicité, sur le bien-être, c'est la promesse de s'ancrer dans quelque chose de plus grand que soi. » Un besoin presque irrationnel, car « le succès de ces produits ne repose que sur le fait que les consommatrices ont envie d'y croire », note l'experte de ces marchés.

QUAND LE FÉMININ SACRÉ SERT DE RELAIS À UN MARKETING ENCORE ULTRAGENRÉ

La plupart de ces marques ciblent les femmes, soit une catégorie de population formatée par des décennies de marketing ultragenré. Chez Cosmic Dealer, on revendique une approche orientée sur le soin, qui vise à libérer les femmes de la charge que la société leur assigne. « Être une bonne mère, une bonne employée, une bonne épouse : la société a des attentes immenses pour les femmes », fait valoir Monique Foy, la fondatrice. « En parallèle, la qualité nutritive des produits s'appauvrit et le stress de la vie moderne nous vole notre santé. » Les produits de Cosmic Dealer sont autant de réponses, à travers la consommation, à ce besoin de réassurance et de soin.

Les nouvelles marques « cosmiques » surfent sur une autre tendance du moment, l'exaltation du féminin sacré, soit la force spirituelle et énergétique propre aux femmes. Consommer ces marques serait l'une des manières de trouver le chemin spirituel qui mène à un plus haut degré de connexion avec soi. Vraiment ? Le féminin sacré est une notion contestée par les féministes. Les plus critiques voient dans ce retour de la spiritualité néopaïenne une manière de naturaliser des rapports de domination autrement plus politiques. D'autres, à l'instar de l'autrice Mona Chollet, se désespèrent de voir le « complexe mode-beauté » renouveler en permanence ses discours, de façon à rendre les femmes toujours plus captives du marketing.

LES MARCHANDISES ÉMOTIONNELLES COMME REMÈDE AU SPLEEN ET À L'INDIVIDUALISME

Marques cosmiques et empires du *wellness* sont les symptômes d'une époque en mal de mythologies et de transcendance. Ils incarnent une culture consumériste postmoderne, où la consommation est vécue comme une forme d'engagement, voire comme une réponse face à la morosité ambiante. Les marchandises remplissent des fonctions émotionnelles que la sociologue Eva Illouz décrit dans l'ouvrage collectif *Les Marchandises émotionnelles* (Premier Parallèle, 2019). Pour elle, les produits tels que les jus détox, les cosmétiques ou les compléments alimentaires sont le véhicule d'un discours sur la transformation et l'amélioration du moi qui s'adresse directement à nos émotions. Plus encore, nos émotions elles-mêmes, notamment celles marquées par le spleen et le désenchantement, sont aussi des marchandises. Le bien-être physique et psychique tel qu'il est vendu par les marques cosmiques devient alors une réponse adaptée, et lucrative, à une demande latente.

Le marché du bien-être dont il est ici question est aussi le reflet d'une époque profondément individualiste. Dans un article au vitriol, publié dans le *New York Times Magazine*, la journaliste Molly Young souligne que « Goop (et ses acolytes comme Moon Juice) vendent l'idée qu'il est normal et légitime pour un individu de passer plusieurs heures par jour à s'interroger sur ses plus infimes changements d'humeur, ses choix alimentaires, sa routine d'exercice physique et son rapport au sommeil. Ces marques promeuvent l'égocentrisme comme la forme la plus raffinée de luxe. »

Une hypertrophie du moi qu'une autre journaliste, Esther Zuckerman, appelle la « névrose hollywoodienne », soit la propension à considérer son égo comme digne d'attentions constantes. À une époque de profonde confusion politique et idéologique, cette recette-ci a toutes les chances de continuer à connaître le succès.

© Mikhail Nilov

Shopping astral

Par
Laure Coromines

COSMIC LOVE

La téléréalité croise l'astrologie

Le pitch : « Dans cette expérience sociale unique, quatre personnes tentent de trouver leur partenaire de vie idéal grâce à l'astrologie. Cette téléréalité romantique est gérée par un guide mystique, la Salle Astro. (...) Épouseront-ils leur partenaire en se basant sur leur compatibilité astrologique ? » Présentée par la starlette Nabilla, la première saison (10 épisodes) de « Cosmic Love » est diffusée sur Amazon Prime depuis le 6 janvier 2023.

© Tania Medina

COUP DE FOUDRE COSMIC

L'astrologie rencontre les app de rencontre

« Sagittaire ascendant Bélier recherche Lion solaire. » Sur Cosmic, ce sont les astres qui décident. Lancée par Abdellatif El Alami, fondateur du site The Astrologer, l'application gratuite a été conçue en collaboration avec l'astrologue superstar anglaise Deborah Houlding. Première app du genre disponible en France, elle mise tout sur le thème astral des utilisateurs pour trouver leur âme sœur. Bien sûr, Cosmic permet d'afficher son signe astrologique, son ascendant et signe lunaire. Histoire d'éviter de se retrouver à prendre un verre avec un Poisson ascendant Verseau.

MYSTIQUE FEMME INITIATION

Un programme chargé

Sur son site Temple de la Rose Dorée, Binta Rosadore Diallo-Dieng propose un « coaching intuitif quantique ». Sur Instagram, elle précise qu'il s'agit d'effectuer « un saut quantique vers [sa] temporalité la plus haute en bénéficiant de la médecine énergétique unique et de la guidance intuitive ». À l'horizon pour les « Femmes Souveraines » qui se lancent dans la démarche : « se reconnecter à [son] essence divine libérée des limites du temps linéaire » et « mieux comprendre les Lois qui régissent notre Univers et comment les utiliser de façon pratique – toujours depuis la conscience d'Unité. »

© Viva Luna Studios

TAPIS DE BAIN MYSTIQUE

Antidérapage et tradition ancestrale

Vendu une vingtaine d'euros sur Amazon par la marque Kanaite, le tapis pour salle de bains en coton « Païen Noir Aztèque Soleil et Lune Astrologie Mystique Corps Célestes Symbole Blanc Triangle Tarot Tapis ». Parce que nos pieds aussi ont besoin de reposer sur des influences célestes.

TAROT BRELOQUE

Les cartes deviennent bling

Sur Etsy, SALEM propose dans sa petite boutique des pendentifs dorés en forme de cartes de tarot, chacune à l'effigie d'un symbole : The Lovers (Les Amants), The Magician (Le Magicien), The Empress (L'Impératrice), The Star (L'Étoile), ils sont tous là. Sur l'un, une main tendue vers un soleil coloré en vert, sur l'autre, une silhouette déversant de l'eau sous un ciel étoilé. Sur un autre encore, un cœur surmonté d'une couronne encercle un symbole du féminin constellé de fleurs roses. Prix de vente d'un pendentif en cuivre recyclé : 35,75 euros.

MA CHÉRIE, TU ES À CONTRESORT

Bibliomancie et cupcakes Verseau

À Contresort, café parisien « ésotérique », on ne fait pas que déguster des pâtisseries véganes ornées de pétales de fleurs séchés. En soirée, on assiste à des « séances flash » (quinze minutes pour environ 20 euros) d'astrologie, tirage de cartes, lecture de thème astral, analyse de rêves et interprétation des lignes de la main. Réalisées par de petites célébrités des réseaux (à l'instar d'Astrolettres, 1 516 abonnés sur Instagram), les séances sont l'occasion de venir faire la queue dans le 18ᵉ près du périph'.

DIALOGUE SPIRITUEL

Un livre oracle pour se reconnecter à son âme

« Tes guides cherchent à entrer en contact avec toi, entends-tu leur appel ? Ce livre oracle te souffle les messages de tes guides et de ton âme. Écoute-les, tu pourras puiser dans la sagesse de leurs murmures et ainsi développer ton intuition. » L'objectif : éclairer son chemin vers la paix intérieure et l'éveil spirituel. C'est la proposition de Nathalie Cruchet dans le livre *Dialogue avec tes guides* (7,90 euros) sorti fin janvier 2023 chez Le lotus & l'éléphant, maison d'édition spécialisée dans « l'au-delà du visible ». Pour commencer le dialogue avec son guide, rien de plus simple : se faire confiance et ouvrir une page au hasard.

DANSE EXTATIQUE

Danser pour vous reconnecter

La session peut durer trois heures, avec ou sans DJ, avec ou sans la supervision d'un chamane, mais toujours (en théorie) sans drogue. Dans la lignée du conscious clubbing, il s'agit de danser librement, mais pour expérimenter l'extase, la transcendance et la connexion à soi et aux autres. Il faut bien ça pour libérer son énergie yin. Pour savoir où rejoindre une danse extatique, se connecter sur la plateforme Ecstatic Dance, qui vous indiquera l'évènement le plus proche de chez vous. Plus simple si vous êtes à Bali ou au Mexique.

Le grand décollage pour quelques euros

Par
Laure Coromines

Une myriade de néogourous prêche sur les réseaux. Ils passent de l'un à l'autre, de formats gratuits à des formats payants, et entraînent peu à peu leur auditoire sur des discours qui flirtent avec le complotisme.

« La spiritualité, c'est la science de la vie », affirme avec douceur Lulumineuse en vidéo. Depuis une quinzaine d'années, la jeune femme s'est bâti une certaine popularité. Silhouette gracieuse et voix soyeuse, elle explique être là pour « aider le monde occidental à retrouver la foi », toujours « en dehors du dogme ». Elle précise : « L'humain doit avant tout ouvrir son regard vers l'intérieur pour comprendre que la source de son intelligence, de l'amour et de la conscience est en lui. Ces ressources intérieures doivent être considérées au plus haut point pour engendrer une réelle harmonie au sein des êtres humains. »

Cette révélation lui vient de loin. « J'ai toujours été entraînée par des êtres de lumière. J'ai réalisé des guérisons spontanées, je suis intervenue par projection de conscience dans d'autres espaces-temps… Des expériences transformantes, j'en ai vécu 1 000. Ce que je veux, c'est donner aux autres le mode d'emploi pour qu'ils n'aient plus besoin de moi. »

Lulumineuse, Lucile Houssin de son vrai nom, vit avec son mari et ses deux enfants

Lulumineuse Spiritualité, partages et outils pour tous

« Des expériences transformantes, j'en ai vécu 1 000. »

au Portugal. « Tout ce que je fais, c'est donné. » Il est vrai que Lulumineuse partage « énormément de ressources » gratuitement. Elle a un site, Be Light, des applis de méditation, des podcasts et des « sagas audio » où elle met en scène ses échanges avec ses guides, entités supérieures d'un autre plan. Certains produits sont toutefois payants. Be Light Éditions publie quelques ouvrages, comme *Le Guide de l'invisible* (21,95 euros). Par ailleurs, Lulumineuse propose quatre formules d'abonnement, de 2 à 22 euros. Plus on paye, plus le contenu devient dense. Et plus Lulumineuse dévoile une autre face. « Mes interventions dépendent toujours du public auquel je m'adresse. Les partages pour ma sphère privée concernent un public plus averti et davantage familiarisé avec mes travaux. Ils permettent d'approfondir les connaissances sur des thèmes spécifiques. »

Effectivement, elle prévient son « auditoire avisé » qu'il doit se tenir prêt pour le « grand décollage ». Prenons, entre autres exemples, « L'histoire planétaire de la première à la seconde venue ». Entre deux messages d'amour et de paix, cette vidéo de deux heures, diffusée en octobre 2022 et vue plus de 10 000 fois, revisite l'histoire des civilisations. « L'histoire telle qu'on nous la raconte, ce n'est pas du tout notre vraie histoire (...), cela n'a rien à voir avec ce que nous disent les archéologues aujourd'hui. » En bref, l'Atlantide, « une des colonies de la Lémurie », civilisation durant laquelle les énergies étaient infinies, a chuté, s'éloignant ainsi de son essence divine. Comme dans toutes « les périodes d'involution », cela a débouché sur un « écrémage » (entre les éclairés et les autres). Puis le propos aborde les temps modernes : « On arrive à nous faire croire qu'on est en pénurie d'eau alors que je suis assise devant l'océan. (...) Aujourd'hui, on a réussi à faire croire à l'humain qu'il est non seulement dépendant des ressources planétaires, mais qu'il est limité dans les ressources planétaires. » La vidéo se termine sur des implants qui nous contrôlent, le retour des énergies christiques... Lulu dit appartenir à une communauté de « pionniers » en train d'accomplir « un travail monumental ». Mais la navigation entre ses différents sites sème un sacré doute, et on n'est plus très sûr de la nature des messages de Lulu.

Spiritualité, business et complot : ça « matche »

Propos recueillis par
Béatrice Sutter

Rahaf Harfoush est anthropologue du numérique. Elle étudie l'impact de la technologie sur la culture, et très particulièrement les mutations que le numérique provoque sur les pratiques spirituelles. Elle s'est notamment penchée sur le lien entre ces pratiques et le complotisme.

Est-ce que certaines nouvelles spiritualités connaissent une mutation vers le complotisme ?

Rahaf Harfoush La proximité entre le complotisme et les communautés religieuses n'est pas nouvelle. Aux États-Unis, la mouvance conspirationniste d'extrême droite QAnon a toujours été proche des évangélistes. Elle a d'ailleurs fait de nombreux emprunts à leur mythologie : les dangers de la 5G, l'existence d'une élite qui veut asservir l'humanité… Le Covid a accéléré ce phénomène et a fait muter certaines communautés. Chez les starseeds, on trouve ce type de dérives.

Est-ce une constante de ces mouvements, ou faut-il apporter des nuances ?

R.H. Il faut envisager ces mouvements comme un spectre avec beaucoup de nuances. Prenons l'exemple des sorcières. C'est un mouvement qui renaît toujours à des moments où l'injustice envers les femmes augmente. Après 2016, à la suite de l'élection de Donald Trump, cette communauté est réapparue de manière très vivace. À la racine, on trouve une revendication politique. Certes, dans les rangs des sorcières, on peut trouver une défiance envers les vaccins. Mais elles ne versent pas dans les théories du complot. En revanche, chez les starseeds, l'idée qu'une élite au pouvoir puisse cacher la vérité est native. Comme dans QAnon. Il s'agit aussi de prétendre qu'il existe une guerre et qu'on a été envoyé sur Terre avec une mission : celle de dévoiler la vérité.

Ces communautés ne semblent pas encore fédérées. Pensez-vous qu'elles puissent le devenir ?

R.H. Au départ, il semble que le mouvement n'a pas besoin d'une Église. Mais aux États-Unis, après les confinements, on a constaté une augmentation d'évènements physiques, de conférences, de retraites où les gens commencent à s'organiser en collectif. On a déjà vu cette évolution dans le néopaganisme, qui a créé des temples numériques et des rendez-vous. Pour les starseeds, nous en sommes vraiment au début. Mais on pourrait voir apparaître l'équivalent d'une Église, d'associations. On va découvrir qui en sera le leader, quelle en sera la structure, le modèle financier...

On constate déjà la naissance d'une économie, avec des gens prêts à payer et des personnalités prêtes à vendre...

R.H. Quand on écoute la motivation des croyants, la question de l'isolement social semble centrale. Ces croyances permettent à ces personnes de s'affilier à des pouvoirs magiques, anciens, mystérieux, qui leur donnent une sorte de prestige. C'est pour cela que ça attire tellement les gens. Les influenceurs, eux, vont avoir besoin de se créer des revenus. Une partie peut être générée en ligne *via* des abonnements et des accès réservés à un cercle qui veut aller plus loin : des newsletters, des live, des évènements...

Les théories du complot peuvent être chassées par les algorithmes des plateformes sociales. Il devient difficile de les évoquer autrement que dans des groupes fermés.

R.H. Ces communautés développent leur propre langue, avec des codes pour passer le filtre des algorithmes. Mais c'est en train d'évoluer. L'algorithme lui-même est intégré comme un outil du parcours spirituel. Le discours consiste à prétendre que si vous voyez ce contenu, à ce moment précis, c'est que, comme un oracle, l'algorithme a choisi de vous le montrer, parce qu'il connaît votre besoin. C'est un phénomène très intéressant : la plateforme elle-même devient partie prenante de votre parcours spirituel.

On a l'impression que ces communautés augmentent en nombre et en rapidité de diffusion...

R.H. Les variantes des chemins spirituels sont comme les variants d'un virus. On constate effectivement que chaque fois qu'un récit passe dans un quartier numérique il peut laisser une trace, il peut être intégré. Ce sont des variations qui n'existaient pas avant. Et ça, ça va continuer à circuler.

POUR ALLER PLUS LOIN

Rahaf Harfoush, « QAnon, la culture numérique et les élections françaises », Conseil national du numérique, juin 2021 - en ligne

Jules Evans, « *The dark historical roots of 'starseeds'* », avril 2022, en ligne sur *Medium*

Nouvel âge et nouveaux jobs

Par
Laure Coromines

© Mikhail Nilov

PASSEUR D'ÂME

À toute de l'autre côté !

Son rôle est d'accompagner d'autres âmes durant les moments de transition (la naissance, la mort) de leur vie incarnée. Supposément doté d'une capacité infinie à aimer, à pardonner et à ne pas juger, le passeur d'âme jouit d'importants pouvoirs parapsychiques. Autrement dit, il peut communiquer avec des défunts. On peut, par exemple, avoir recours à ses services pour purger une maison nouvellement achetée où s'est déroulé un quadruple meurtre. À la différence du médium, sollicité par des particuliers pour échanger avec leurs morts, le passeur d'âme est principalement au service des défunts, dont il essaie d'apaiser les tourments.

CONSULTANTE EN MÉMOIRE CELLULAIRE

Pacifier les souvenirs ancestraux

Le principe : chacun porte en soi les souvenirs douloureux, les peines et les conflits non résolus expérimentés par ses ancêtres. Et les consultants en mémoire cellulaire sont là pour vous aider à les décoder et à les « porter à la lumière ». Pour retrouver « un équilibre psychosomatique » et libérer son espace intérieur, plusieurs moyens : réaliser un « génosociogramme » (c'est-à-dire un arbre généalogique représentant les liens psychologiques ayant affecté les ancêtres de la personne), opter pour une « constellation familiale » (une mise en scène de vécus familiaux), ou une pacification en mémoire cellulaire (soit un ensemble de protocoles permettant le recodage des cellules pour y installer de nouveaux codes vibratoires).

COACH SPIRITUEL

Coach me tender

Qui a dit que le coaching et la spiritualité ne faisaient pas bon ménage ? Certainement pas les coachs spirituels, dont la mission combine les deux grandes passions de l'époque. Leur objectif (un peu flou) : vous aider à identifier votre fameuse « mission de vie » et à envisager votre vie avec bienveillance et sérénité. Une première séance permet d'affiner certains angles de travail sur la base de questions assez larges (qui suis-je ?), tout en y injectant l'enseignement des grands principes spirituels – et en évitant de se réclamer des seules influences new age.

ÉTIOPATHE

Cachez cette verrue que je ne saurais voir

On le consulte en général pour se débarrasser de douleurs articulaires ou de divers troubles digestifs, génitaux, urinaires et ORL. Le praticien n'utilise pas de médicaments mais uniquement des gestes ancestraux transmis de génération en génération. Il s'inspire de la tradition française des rebouteux et n'utilise que ses mains pour soigner son patient.

PSYCHO-ÉNERGÉTICIEN

Reconnexion à son être intérieur

Il s'agit pour le thérapeute d'agir lors de séances ponctuelles ou récurrentes sur les plans émotionnels et mentaux grâce à l'usage combiné de la psychologie et des soins énergétiques. L'objectif : libérer les parties du patient en souffrance, panser les blessures émotionnelles et apaiser les troubles nerveux, les angoisses et les douleurs physiques. Selon les praticiens, les séances peuvent se dérouler à distance par téléphone ; cela vous évitera un déplacement très énergivore.

CRYPTO-ASTROLOGUE

Ethereum et *amor fati*

Tout le monde préférerait être riche et heureux. Pour savoir si vous avez vos chances, il y a ceux qui croient en l'astrologie, et ceux qui ne jurent que par les cryptomonnaies. Dieu merci, les crypto-astrologues sont là pour guider les aficionados du Bitcoin et de Mercure, qui, elle aussi, peut rétrograder. En plus de proposer des horoscopes, ils prodiguent aux apprentis investisseurs des conseils avisés en fonction de leur thème astral et de la date de naissance des cryptomonnaies. Où les trouver ? Sur TikTok, bien sûr.

© Mikhail Nilov

PEINTRE D'ÂME

Rendre visible l'invisible

À l'acrylique, à l'aquarelle ou aux pastels, le peintre d'âme « lève le voile de la connaissance » et aide à se reconnecter à son « être divin » et à ses « guides ». En deux mots, le portrait révèle l'essence de la personne, ou la « signature vibratoire de l'âme ». Une fois révélée, il s'agit d'élever son taux vibratoire et d'ouvrir un portail vers l'inconscient, en donnant forme aux émotions et sentiments refoulés. Bon à savoir : un tel portrait peut aussi être réalisé sur votre animal de compagnie, votre maison de famille, votre grigri favori.

KARMA-THÉRAPEUTE

Me and karma vibe like that

Lors de la session, le thérapeute entre en connexion avec la personne afin de visualiser ses vies antérieures. Ces dernières ont engendré des « marqueurs karmiques », qui se répercutent sur sa vie actuelle et se manifestent sous différentes formes : blocages, croyances limitantes, recherche de liens toxiques, phobies, peurs... Grâce à son soin, le karma-thérapeute retire énergétiquement ces marqueurs qui vous retiennent. On parle alors de « libération karmique », libération qui permet guérison et « montée en conscience ».

3

L'ANALYSE

CEUX QUI LE PENSENT

1877

Pense à toi, le ciel t'aidera

Le terme « Loi de l'Attraction » apparaît pour la première fois chez la théosophe russe Helena Blavatsky. C'est finalement l'Américain Prentice Mulford, pionnier de la Nouvelle Pensée, qui formalise la notion dans son essai *Les pensées sont des choses*, publié en 1886.

1919

Londres-Lhassa

L'héritière britannique Alice Bailey entre en contact télépathique avec le maître tibétain Djwhal Khul et fonde l'École Arcane, centre d'entraînement à la « Sagesse sans Âge ». Par son usage fréquent de l'expression « new age », elle est présentée comme l'une des inspiratrices du mouvement.

Spiritisme de salon, connexion à l'univers, besoin de transcendance et best-sellers. Comment le new age a basculé de phénomène marginal à tendance globale.

Par

Laure Coromines

Brève histoire de la pensée new age

1962

Le corps et l'esprit

Michael MacMurphy et Richard Price créent en Californie l'Institut Esalen, berceau de la Gestalt-thérapie et pilier des idées new age. Le site recevra des personnalités comme l'écrivain Aldous Huxley, le psychologue B. F. Skinner, la chanteuse Joan Baez, l'acteur John Cleese.

1968

Welcome back

Fondateur de l'astro-archéologie, le Suisse Erich Von Däniken publie *Chariots of the Gods*. Il y explique que les Anunnaki, dieux mésopotamiens, seraient des extraterrestres prêts à revenir sur Terre. Depuis que la théorie conspirationniste des reptiliens a été popularisée, les termes « Anunnaki » et « reptile humanoïde » sont parfois utilisés comme synonymes.

1980

Début d'une ère nouvelle

L'autrice et journaliste américaine Marilyn Ferguson publie *Les Enfants du Verseau*. Elle annonce une ère nouvelle dans laquelle l'humanité va réaliser une part de son potentiel physique, psychique et spirituel, thèmes qui deviendront centraux dans le new age. Elle écrit : « L'esprit du temps est à la fois pragmatique et transcendantal. »

1982

Féminin sacré

En pleine ère reaganienne, l'écrivaine écoféministe Starhawk publie *Rêver l'obscur. Femmes, magie et politique*. Pour elle qui se revendique sorcière et néopaïenne, spiritualité et magie nourrissent les combats politiques, antinucléaires et antimilitaires.

2006

Deviens qui tu es

Dans *Le Secret*, la productrice de télévision australienne Rhonda Byrne fait l'apologie de la pensée positive et de la Loi de l'Attraction. La promesse : faire et être ce que l'on veut, développer son potentiel et augmenter sa fréquence vibratoire. L'ouvrage est vendu à 4 millions d'exemplaires, traduit en 50 langues.

2014

Décollage imminent

La journaliste française Natacha Calestrémé publie *La Clé de l'énergie, 22 protocoles pour vous libérer émotionnellement*. Tiré à 250 000 exemplaires, l'essai sera l'une des meilleures ventes de la rentrée 2021.

Propos recueillis par

Marc Bonomelli

Le moins que l'on puisse dire, c'est que Raphaël Liogier est un penseur atypique. Son ouvrage paru en 2012, *Souci de soi, conscience du monde*, esquissait les contours d'une « religion » dans laquelle nous serions plongés sans en être conscients : l'individuo-globalisme. Il soulignait ici la liaison mystique entre l'individuel et le global, le soi le plus intime et le monde le plus cosmique. Avec son nouvel ouvrage, *Khaos*, le sociologue et philosophe va encore plus loin. Selon lui, le boom d'intérêt pour les nouvelles spiritualités ne fait que poursuivre l'aspiration amorcée avec les Lumières du XVIIIe siècle et que l'industrialisme a ensuite étouffé.

La tête dans le Khaos

Portrait

Saâd
A. Tazi

Pour comprendre les spiritualités d'aujourd'hui, vous remontez au XVIIIe siècle. Pouvez-vous nous expliquer cette filiation ?

RAPHAËL LIOGIER C'est en effet au XVIIIe siècle que surgit la promesse moderne. Contrairement à ce que l'on a dit pendant des années, elle n'est pas l'annihilation de la spiritualité. Le mot de « modernité » indique que la transcendance n'est pas ce qui est imposé de l'extérieur par un ordre religieux unilatéral, mais ce qui est en nous. Les philosophes de l'ère moderne appellent cela « la subjectivité ». Son aspect politique est la démocratie, qui est elle-même une expérience mystique : la source de la vérité politique devient l'agglomération de nos subjectivités. C'est aussi cette idée de subjectivité transcendantale, que l'on retrouve chez Kant, qui est à l'origine de la logique des droits de l'homme, appelés aussi, d'ailleurs, « droits subjectifs ». C'est l'idée que nous avons des droits indépendamment de notre place dans la société, puisque nous sommes transcendantalement des sujets. Cette subjectivité a abouti finalement à la logique actuelle du « c'est mon choix » qui ne nécessite aucune autre justification.

Du côté de la spiritualité, comment opèrent ces changements de représentation ?

RL L'expérience mystique a toujours existé, mais elle était limitée à certains groupes : soufis musulmans, kabbalistes juifs, mystiques chrétiens, etc. Dans les mondes traditionnels, les mystiques, ceux qui revendiquent de faire l'expérience personnelle de la vérité, sont soit des membres de confréries, de sociétés initiatiques, soit des êtres totalement marginaux. Au Moyen Âge ou dans l'Antiquité, les mystiques étaient à la fois fascinants et persécutés. En affirmant que la transcendance est en soi-même, ils remettaient en cause les autorités. Au XVIIIe siècle, ce droit de critiquer, de n'avoir d'autre justification à sa vie que sa subjectivité, est proclamé, pour la première fois dans l'histoire. En situation moderne, la revendication de la « vérité subjective » est normalisée et généralisée, elle va de soi.

Vous dites que cette déclaration de liberté est tellement radicale au XIXe siècle qu'elle en devient trop difficile à supporter...

RL La spiritualité de la subjectivité libère l'individu de l'ordre transmis, mais du même coup lui fait perdre la sécurité mentale qu'offre la tradition. Et le fait de perdre ce cocon protecteur a engendré une décharge générale d'anxiété. C'est à mon sens ce qui a produit le nihilisme et le matérialisme du XIXe siècle, qui semble être dans la continuité de la philosophie des Lumières, alors que c'est une réaction angoissée et productiviste contre l'incertitude qui va de pair avec la liberté. Économiquement et socialement, cela va engendrer l'industrialisation, le capitalisme ; puis l'État lui-même va devenir une religion rationaliste, la science va se transformer en culte positiviste, et, progressivement, on va nier toute forme de spiritualité comme étant de la superstition.

Et qu'est-ce que c'est que le new age dans tout ça ?

RL C'est juste que la subjectivité transcendantale, idée centrale du XVIIIe siècle qu'on n'a pas pu assumer collectivement au XIXe, insiste et ressurgit. Elle prendra forme dans le new age, la méditation, le bouddhisme occidentalisé, le développement personnel, le coaching. Dans les années 1970, elle ressurgit au moment où le matérialisme pur s'est épuisé,

© Susan Wilkinson

L'expérience mystique a toujours existé, mais elle était limitée à certains groupes.

où les gens n'arrivent plus à trouver de sens. L'argent, la machine à laver, la télévision, n'arrivent plus à les combler.

Dès la fin des années 1980, le système matérialiste va d'un côté déprécier la spiritualité comme relevant de la superstition, et d'un autre côté l'intégrer dans son système productif à travers le coaching ou la méditation. On réoriente les aspirations spirituelles pour en faire des vecteurs matérialistes. On en fait quelque chose de technique, qui n'est plus subjectif mais objectif, et permet d'entrer sur le marché avec des packages. On fait des master classes de spiritualité, comme si le bonheur ou la vérité intérieure étaient une compétence technique. On utilise les états modifiés de conscience pour se rendre plus efficace et plus productif. On le voit bien dans les cultures d'entreprise du nouveau capitalisme, des startups, où il s'agit d'être efficace tout en ayant l'esprit détendu par la pratique du yoga ou de la méditation.

Pourquoi est-ce que les questions religieuses, en France et ailleurs, sont souvent focalisées sur les tensions entre les religions « du Livre » (catholicisme, islam, judaïsme), ou entre elles et la société, alors que l'intérêt pour les nouvelles spiritualités est omniprésent ?

RL Les religions « du Livre » sont en effet souvent associées à des sujets de controverses plutôt qu'à un contenu

Raphaël Liogier est sociologue et philosophe, professeur des universités à l'Institut d'études politiques d'Aix-en-Provence.

Il a dirigé l'Observatoire du religieux de 2006 à 2014. Diplômé en philosophie de l'université d'Édimbourg, il enseigne également au Collège international de philosophie.

Il est aussi chercheur associé au laboratoire Sophiapol à l'université Paris 10 Nanterre. Ses recherches portent sur la mutation des identités, religieuses en particulier, dans la globalisation, sur les croyances, les mythes contemporains, les constructions imaginaires individuelles et collectives et leurs conséquences politiques, sociales et économiques.

On fait des master classes de spiritualité, comme si le bonheur ou la vérité intérieure étaient une compétence technique.

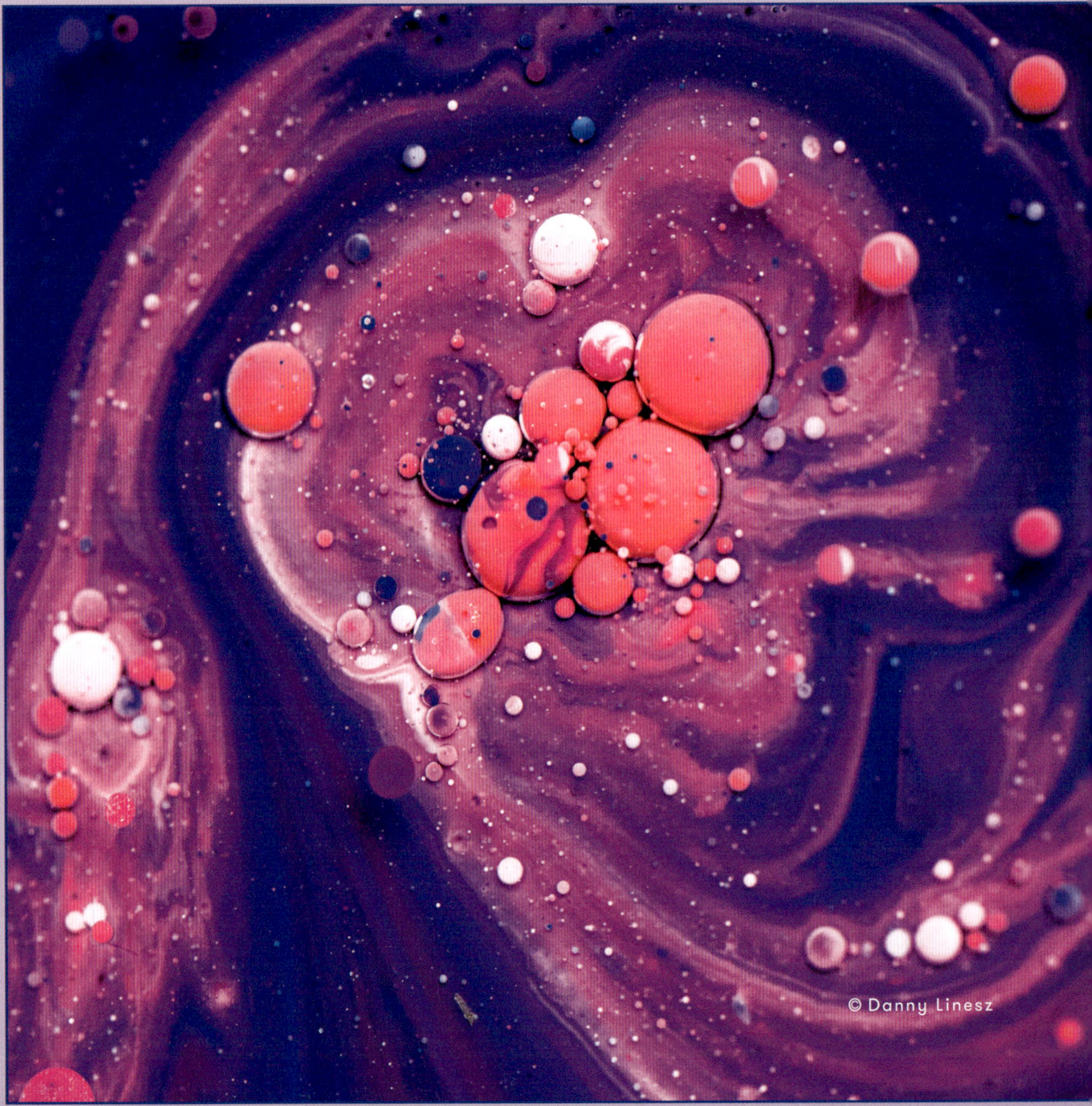

© Danny Linesz

spirituel : le mariage pour tous, l'islamisme, le terrorisme, Houellebecq. Le maître mot, c'est l'identité, cela crée des conflits politiques et sociaux. Cette obsession de la perte d'identité est caractéristique du cycle que traverse notre monde, celui de l'épuisement des valeurs industrialistes. Se généralise alors cette angoisse d'être réduit à des produits manufacturés, à des profils numériques ; d'où l'accroche à l'identité catholique, par exemple, chez des gens qui, de leur propre aveu, ne croient pourtant pas au dogme chrétien.

Comment votre concept de « l'individuo-globalisme » s'applique-t-il à l'explosion actuelle des nouvelles spiritualités ?

RL L'individuo-globalisme est le cœur de la modernité. Le mot « individu » vient de la théologie pour exprimer l'indivision entre le divin et l'humain en Jésus. C'est intéressant, parce que le fait d'utiliser « individu » pour désigner tous les hommes veut bien dire dès lors que le divin est en l'homme. Les traditions ne sont pas abolies pour autant dans la modernité, mais elles ne font que porter la trace d'une vérité enfouie en chacun de nous. C'est ce qui explique que l'homme moderne est fasciné par les traditions, mais par les traditions au pluriel, par la diversité des expériences spirituelles auxquelles elles donnent lieu. Ce qui fait qu'une des pratiques de la religiosité moderne consiste à faire l'expérience de sa vérité intérieure en passant d'une tradition à l'autre. Et pour construire notre individualité, nous cherchons des traces de transcendance dans le monde global. Cet individuo-globalisme est la spiritualité de la modernité qui peut se déployer dans la théosophie, le new age, le bouddhisme occidentalisé, le néochamanisme et tout ce que l'on voit aujourd'hui.

Quelles sont les principales nouvelles approches que vous avez développées dans votre réflexion sur ces sujets ?

RL Le point central de mon livre se trouve dans son titre : *Khaos, Théorie de la modernité réelle*. « Chaos », étymologiquement, signifie « vide ». Ce que je veux essayer de montrer, c'est que le chaos, au sens antique, n'est pas le manque d'ordre, le désordre, mais ce qui peut produire un ordre.

Aujourd'hui, nous sommes arrivés à l'épuisement de la rationalité pour la rationalité, et nous sentons bien qu'il y a quelque chose de plus grand que nous, qui ne peut pas être déterminé. L'idée du chaos peut nous sauver, mais l'idée du chaos positif, le « khaos », ce qui transcende toutes les représentations et permet le dépassement de la négativité collapsologique et les angoisses de fin du monde, y compris pour imaginer l'impossible, des solutions écologiques suprêmement créatives.

À LIRE

Raphaël Liogier, *Khaos, Théorie de la modernité réelle*, Les Liens qui Libèrent, 2023

Raphaël Liogier, *Souci de soi, conscience du monde, Vers une religion globale ?* Armand Colin, 2012

Que changent les nouvelles spiritualités dans le rapport à soi, au collectif et au divin ? Pas facile de le résumer. On tente l'exercice avec les analyses de François Gauthier, socio-anthropologue des religions.

Par
Béatrice
Sutter

Tempête sur nos croyances

Photographie

Michal
Mancewicz

1

À LA RECHERCHE DE LA MEILLEURE VERSION DE MOI-MÊME

Je sens donc je suis

Atteindre la connaissance spirituelle consiste davantage à écouter son cœur, à suivre son intuition qu'à suivre les préceptes d'un catéchisme. Les nouvelles spiritualités ne puisent plus dans un corpus monolithique de textes sacrés. C'est l'expérimentation qui précède et qui guide, et elle passe plus par le corps, le ressenti, et peut emprunter toutes les formes : boire la liane des esprits au bout du monde, méditer, jeûner... L'ensemble se transmet par des récits très personnels, très « instagramables », où chacun raconte sa voie, ses expériences, ses traumas d'ici-bas, voire ses vies antérieures ou ses inspirations venues d'ailleurs.

Et moi, et moi, et moi

Les parcours spirituels contemporains sont un élan qui vient de l'intérieur... et qui ramène à soi. Qu'il s'agisse de renouer avec sa légende personnelle, d'épanouir sa vieille âme ou d'assumer ses racines intersidérales, chacun cherche à découvrir et à déployer sa spécificité originale – et originelle. La quête devient moins celle de la transcendance, censée nous ouvrir à un au-delà de soi, qu'une quête de soi tout court – voire une quête identitaire. Le tout peut aller jusqu'à parfois nous conduire à nous attribuer des spécificités électives de graine d'étoile, d'enfant indigo ou arc-en-ciel.

Assume ta face

Si la quête valide la singularité de chacun, elle le confronte aussi à sa responsabilité. Car le développement personnel..., c'est avant tout très personnel, et trouver son bonheur est une histoire de volonté. Et si le besoin de trouver des frères se manifeste, le groupe devra valider ce qu'on est, et là où on en est.

— — — —

Le commentaire de François Gauthier

On parle de nouvelles spiritualités, mais sont-elles si nouvelles ?

FRANÇOIS GAUTHIER Le philosophe canadien Charles Taylor, théoricien du communautarisme et des identités, a changé notre vision de la modernité. Il souligne notamment que l'éthique qui naît au XVIIIe siècle avec les Lumières n'a pas seulement fait émerger le règne de la raison, elle a également amorcé celui des passions et des émotions. Diderot, fondateur de l'Encyclopédie, nourrissait un culte explicite à la raison mais remplissait ses carnets privés d'étonnement au sujet de ses émotions. C'est l'apparition de ce qu'on appelle l'« éthique de l'authenticité et de l'expressivité » : l'idée que nous sommes à la fois tous égaux et tous uniques. Le but de la vie se transforme. Il s'agit de trouver l'identité de ce moi unique et de l'exprimer dans cette dimension de singularité, d'authenticité. Ce changement de paradigme est fondamental pour comprendre la culture contemporaine. Charles Taylor va plus loin. Il souligne comment l'explosion de la consommation d'après-guerre deviendra le moteur et le catalyseur de la massification de cette éthique de l'authenticité. De marginale et réservée à une certaine élite, elle va imprégner toutes les couches sociales, pour remplacer les autres éthiques, rationaliste et humaniste. Ce rapport au monde suppose une nouvelle conception du cosmos, de l'univers. Cela introduit l'idée dominante aujourd'hui que nous serions tous à la fois des individus et connectés au tout. Le succès de l'hindouisme, du bouddhisme, repose sur le fait que ces religions résonnent très fort avec cette idée qu'en se connectant à soi on se connecte à la nature, aux autres espèces. Les starseeds, les graines d'étoile, poussent le curseur jusqu'au tréfonds de l'univers.

Il s'agit non seulement de trouver une identité, mais aussi de trouver sa place dans le monde ?

FG Effectivement, et quoi de plus authentique que d'être une graine d'étoile, une vieille âme ? Cela permet une sorte de renversement des stigmates, de passer de « je ne me sens pas à ma place, je ne trouve pas ma place... » à « j'appartiens à un groupe qui valide la particularité de mon individualité ». Cela répond à des questions identitaires et à des questions d'appartenance très typiques des sous-cultures – du hip-hop au punk, aux amateurs de fêtes techno... – qui permettent à des catégories marginalisées de créer une forme de culture les autorisant à se rassembler et à se sentir exister.

2

AUCUN CHEMIN NE MÈNE À ROME

Ni dogme, ni messe

Les collectifs institutionnalisés ne constituent plus un socle *a priori*. Un sermon, identique pour tous, servi à jour et heure fixes, pétri par les croyances d'une tradition instituée, ne répond plus à l'appétit d'expériences personnelles des « cherchants ». Les nouvelles spiritualités se diffusent par un système plus vaporeux, plus meuble. On y trouve une nébuleuse d'influenceurs, de praticiens, de guérisseurs... Ils ne sont pas (encore) fédérés entre eux, ils agrègent sans se coordonner leur propre communauté, qui s'avère elle-même plus ou moins engagée. Si les organisations flottent, s'affirme déjà une représentation très élective des parcours – où quelques-uns semblent être plus éclairés, plus avancés, plus élus que les autres.

Le quantique, c'est fantastique

Entre la science et les pratiquants..., c'est compliqué. Certains courants spirituels s'érigent contre des applications telles que les vaccins, la 5G, les conclusions du GIEC... Cependant, le règne du « tout relatif » fait la part belle à la physique quantique, dans sa version très simplifiée, du moins. Cela donne des idées comme : tout est dans tout, et réciproquement ; la réalité peut se dédoubler et proposer des versions différentes dans d'autres espaces et d'autres temps...

Ça buzze pour moi

Entre les nouvelles spiritualités et Internet, en revanche..., ça « matche ». Les influents du secteur maîtrisent parfaitement les réseaux – les plus *mainstream* comme les moins visibles –, leurs différents formats – image, vidéo, live, tchat... –, leur complémentarité, leur potentiel de recrutement, de viralité, de commercialisation. Ils sont passés maîtres dans l'usage des hashtags, des punchlines, des émojis... Et les réseaux le leur rendent bien. Puisque l'audience de ces sujets se compte en millions, parfois en milliards – de *followers*, de vues, de partages...

→

Tout est relatif

La recherche de son authenticité se double souvent de celle de la vérité. L'idée traîne qu'elle est ailleurs, qu'elle est souvent cachée, qu'elle peut se trouver partout, mais que chacun a la sienne. Objectif : se libérer de ses croyances limitantes. Le tout consacre en maître l'œil du « regardant » qui devra se convaincre qu'une approche cérébrale, intellectuelle, ne pourra jamais refléter la complexité de toute chose. À partir de cette réalité moitié à déconstruire, moitié à reconstruire, les théories du complot peuvent-elles faire leur nid ? Oui. Ce risque est avéré.

Un chemin pavé d'offres

Chacun peut mélanger librement les traditions selon ses aspirations et concevoir ses propres rituels. Certes. Mais cette ultrapersonnalisation qui permet un « bricolage » très *do it yourself* nécessite tout de même le recours à des spécialistes : énergéticiens, chamanes, astrologues... Ce sur-mesure a donc un coût – et, au cumul comme à l'unité, il peut s'avérer élevé. Il provoque aussi l'attente d'un retour sur investissement – la paix intérieure ou plus prosaïquement l'alignement des planètes en sa faveur.

Le commentaire de François Gauthier

L'explosion de ces nouvelles spiritualités a-t-elle un rapport avec l'explosion des réseaux sociaux ?

FRANÇOIS GAUTHIER La diffusion d'idées auparavant marginales doit effectivement être replacée dans un phénomène plus large, celui de la libéralisation des médias : le passage en quelques décennies d'une dizaine de chaînes de télévision à plus de 30 ; puis Internet, qui a fait exploser cette comptabilité. Cela a ouvert de nouvelles possibilités d'expression et la constitution de communautés qui la véhiculent. Notre société de consommation ne se restreint pas au pouvoir d'acheter tout et n'importe quoi, la question qu'elle pose concerne aussi ce qui est consommé. Il est donc question des valeurs, des mythologies et des croyances qui forgent les repères de nos identités.

Les néospiritualités ne sont donc pas les enfants du seul new age des années 1970 ?

FG Le new age est un phénomène assez restreint mais donne le nom à une nébuleuse beaucoup plus vaste dont les discours sont devenus *mainstream*. Le mouvement prend forme dans les années 1960 au moment où les grandes utopies politiques commencent à s'effriter. Avant, il était acquis que l'on puisse se sacrifier pour le collectif : le parti, voire la patrie, le syndicat, voire l'entreprise...

Le développement du new age est donc concomitant de la dépolitisation ?

FG Exactement. En revanche, ce qui est relativement nouveau dans les courants actuels, c'est la fusion avec le complotisme.

C'était en filigrane, mais cette tendance s'est cristallisée pendant la crise du Covid. Dans le new age, on a toujours été très méfiant à l'égard des vaccins, par exemple. Mais dans les années 1990 et jusqu'au début des années 2000, ces mouvements gardaient un rapport à ce que dit la science. Avec le Covid, il y a eu un désarrimage total, un grand doute s'installe par rapport à tout ce que peut dire la science, on voit l'apparition d'affinités électives avec l'extrême droite.

Faire ses recherches personnelles, défier un ordre établi…, les nouvelles spiritualités suivent-elles le même type de raisonnement que celui que l'on trouve dans le complotisme ?

FG La société de consommation a généralisé la crise des institutions. On ne croit plus au progrès et à tout ce qui faisait notre monde contemporain : les pouvoirs politiques, la démocratie, les entreprises… Donc, effectivement, l'idée que la vérité est cachée par des élites corrompues rencontre une très forte résonance. Cela permet de se réassurer dans un monde devenu si visiblement complexe.

Ces mouvements ne font pas que remettre en question la science, ils y font largement référence. La physique quantique est souvent citée.

FG Cela n'est pas si étonnant. En dehors de l'Occident, les recompositions de la religion se font souvent en accord avec une certaine vision de la science. Au XXe siècle, les religions traditionnelles de l'Inde ont été légitimées en prétendant que tout était déjà dans les Védas. Les courants spiritualistes du type de celui de Mme Blavatsky à la fin du XIXe siècle utilisent aussi les dernières découvertes scientifiques dans leurs discours. Le new age l'a toujours fait. Aujourd'hui, on constate le même mouvement dans le Coran. Pour ce qui est des nouvelles spiritualités, notons au préalable qu'on ne connaît pas de scientifiques spécialistes du quantique apparaissant dans ces cercles et publiant des vidéos. En revanche, on constate une appropriation populaire du domaine très complexe qu'est la physique quantique. Ce domaine fait effectivement exploser toutes les bases de notre compréhension du monde. Pour grossir le trait, on peut prétendre qu'il n'y a pas d'objectivité, que tout est relatif, qu'il existe des points de passage entre différents niveaux d'énergie… Les reprises permettent surtout de justifier n'importe quoi.

L'une des fonctions des religions consiste à proposer une structure sociale. Est-ce que vous pensez que les nouvelles spiritualités finiront par proposer aussi des institutions ?

FG La forme des structures religieuses est mutante. Au Moyen-Âge, en Occident, la structure était très différente de ce que l'on connaît aujourd'hui. Ce qui est certain, c'est que maintenant peu importe où on se trouve, les pratiquants cherchent une expérience. On constate cela même chez les jeunes catholiques pratiquants. Leur foi n'est pas justifiée par un héritage. En revanche, ils vont parler de ce qu'ils ont vécu aux JMJ, les Journées mondiales de la jeunesse. « Maintenant, je peux dire que j'ai la foi, cela m'appartient parce que j'ai eu une expérience. » Donc, sans être dans le new age, ce sont les rituels quotidiens qui priment – porter le voile ou consommer halal est aussi une manière de vivre une expérience au quotidien. Les institutions religieuses sont souvent inaptes à proposer cela parce que nos églises ont été conçues sur le modèle paroissial qui date du XIXe siècle. En revanche, ce qui continue de marcher, ce sont les rituels – les baptêmes, les mariages, les funérailles. Encore et toujours l'expérience. Et ce qui est vrai pour le religieux l'est dans d'autres registres. En politique, il n'y a plus personne dans les partis, mais il y a plein de monde dans les manifs.

3

DIEU *IS DEAD*

Extension du domaine du sacré

À l'heure de la grande connexion, il est perçu comme acquis que tout est sacré – le ciel, la Terre, l'eau et le vent – les pierres, les plantes, les animaux... L'homme, en tant qu'espèce, n'est plus en haut de la pyramide et pas plus légitime à occuper cette place que la loutre et le héron (qui sont nos amis). Il n'est plus le seul gardien du jardin, la connaissance n'est pas contenue dans un seul arbre. Le sacré est sauvage et circule partout comme une énergie.

Vers l'infini et au-delà

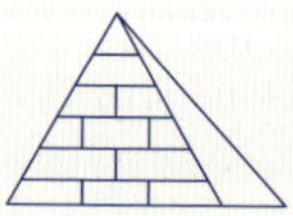

Pour les biberonnés aux sciences-fictions et aux images spatiales que nous sommes, la mythologie des dieux se doit d'aller plus loin. Le système solaire semble étriqué – Vénus visible à l'œil nu et Mars à une portée de fusée ne peuvent plus y suffire. Les galaxies *far, far away* nous ouvrent à un nouvel imaginaire religieux, quitte à y adjoindre quelques représentants extraterrestres. Et ce qui est vrai de l'espace, l'est aussi du temps. Du haut des pyramides, quarante siècles qui nous regardent..., c'est trop peu. Et les années sont comme les vues sur TikTok, elles ne pèsent pas lourd si elles sont en dessous du million.

Retours aux sources

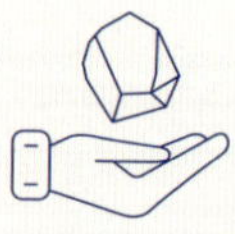

Si l'expression exotérique des grandes religions (les rites et doctrines qu'elle proposait à tous les fidèles) semble prise de court, toutes les traditions ésotériques (les rites et doctrines réservés à un petit nombre d'initiés) sont à l'honneur. Du yoga au chamanisme, de l'astrologie au tarot..., on cherche à s'ancrer dans des pratiques millénaires, quitte à prétendre qu'elles sont l'héritage de civilisations disparues. Les mystères à redécouvrir ont rouvert la boîte à légendes dorées.

La transcendance, c'est fini

Puisque le divin est partout, il est aussi en moi, donc je suis Dieu. CQFD. La transcendance des trois religions du Livre en prend pour son grade. *Exit* le monde du ciel dominant le commun des mortels.

Comme l'univers est en moi et que je suis en lui, plus besoin d'intermédiaire pour lui adresser en direct mes requêtes. La bonne nouvelle ? Si mes intentions sont pures, claires et alignées avec mon moi profond, il est censé répondre favorablement à mes requêtes.

Le commentaire de François Gauthier

Notre civilisation judéo-chrétienne s'est en partie construite sur la vision d'un Dieu transcendant. Parle-t-on d'une bascule civilisationnelle ?

FRANÇOIS GAUTHIER Oui, c'est un changement civilisationnel profond, la fin de ce qu'on appelle « le dualisme ontologique », qui part de l'hypothèse qu'il y a deux étages à l'existence, l'au-delà et l'ici-bas. Très clairement, nous revenons à quelque chose qui s'appelle « le monisme ontologique » : la transcendance traverse le monde de part en part, les hommes, les animaux, les choses, les esprits... Mais des croyances comme celles des starseeds ne remettent pas forcément tout en question : elles évoquent souvent l'idée d'un Dieu en prétendant avoir été envoyées ici-bas pour accomplir une mission. L'anthropologue des religions que je suis se pose forcément une question : envoyées par qui, envoyées pour quoi ? Il y a donc un résidu de culture judéo-chrétienne, qui rejoint par exemple les représentations des évangéliques pentecôtistes. Au fond, le narratif conserve certaines structures. L'univers a été créé, non plus en sept jours mais il y a des milliards d'années. Les influences bouddhistes sont plus exotiques, elles ne sont plus du tout dualistes ; au contraire, elles prétendent que tout est dans tout. Je pense que cette société de consommation dont on parlait achève le moment chrétien. Quelque part, on revient à quelque chose qui est plus une normalité des représentations humaines. L'être humain fonctionne à l'intérieur de l'univers, qui est lui-même pénétré par toutes sortes de forces spirituelles invisibles. L'un de mes professeurs, le sociologue et théologien québécois Raymond Lemieux, disait souvent : « Tout ça, c'est du délire, et nos sociétés ont besoin de délire pour exister. Il y a des avantages et des inconvénients à chacun de nos délires. »

Voies, impasses et déroutes

Propos recueillis par

Béatrice Sutter

Comment pense-t-on ce que l'on pense ? C'est à cette question que la documentariste française Élisabeth Feytit veut répondre dans son podcast *Méta de Choc*. Elle s'intéresse aux nouvelles spiritualités pour éclairer leur histoire, comprendre leurs contours mais aussi leurs dérives. Elle ne fait pas que viser les grands mouvements sectaires, mais visite aussi ces mouvances plus vaporeuses qui se multiplient sur les réseaux.

Portrait

Pierre Morales

À ÉCOUTER

Le podcast d'Élisabeth Feytit,
Méta de Choc

L'intérêt que suscitent les nouvelles spiritualités élude-t-il leur dangerosité ?

ÉLISABETH FEYTIT On présente souvent ces croyances comme légitimes et inoffensives. C'est la raison pour laquelle certains remettent en cause l'existence de la Miviludes, sous prétexte que l'État n'aurait pas à intervenir pour régenter les pratiques cultuelles. Le sociologue Raphaël Liogier recommande même la création d'une instance où les dirigeants de ce que l'on classait volontiers du côté des sectes soient parties prenantes – les représentants de la scientologie, de l'anthroposophie, par exemple. Selon moi, il est complètement absurde d'inviter à participer à la lutte contre les dérives sectaires les représentants de mouvements connus pour leur assujettissement des esprits.

Quels sont les dangers de ces parcours spirituels ?

EF Leur dangerosité dépend du degré d'investissement de chacun. Toute croyance qui va à l'encontre d'une réflexion sur les tenants et les aboutissants de nos actions représente un danger important. Or les spiritualités new age s'appuient sur le ressenti et l'émotion, et certains peuvent prendre de très mauvaises décisions en croyant suivre un rituel qui leur apportera les bonnes réponses.

Le rapport de la Miviludes insiste sur le nombre croissant des dérives des médecines alternatives qui leur sont signalées – la naturopathie, le reiki, la nouvelle médecine germanique, etc. Cela fait partie des risques ?

EF C'est un danger énorme. Beaucoup de drames et d'études scientifiques montrent que l'utilisation de pseudo-médecines diminue les chances de guérison et écourte la vie. On a plus de chances de mourir et plus de chances de mourir plus vite lorsque l'on est atteint d'une maladie grave. Mais la multiplication de ces pratiques alternatives est un sujet en soi. Jusque dans les hôpitaux, on se voit désormais proposer des soins par énergies vibratoires (du bol tibétain au magnétisme, en passant par le reiki ou la lithothérapie). Plus niche, il y a aussi la médecine quantique.

Le corps n'est pas le seul menacé, il y a aussi le psychisme. Vous avez beaucoup travaillé autour de la pensée positive, qui pourrait paraître pourtant relativement anodine…

EF Au contraire de ce qu'elle promet, la pensée positive peut en effet avoir des effets tout à fait négatifs. En considérant que l'on est responsable de son destin par le biais de nos pensées, on se met alors à les surveiller en permanence. Cela peut augmenter l'anxiété.

Vous évoquez également des risques sociaux…

EF Lorsque l'on s'identifie comme starseed, la notion de mission de vie est centrale. On va se regrouper entre personnes qui ont les mêmes croyances et dont on estime qu'elles ont le bon niveau d'énergie. Certains peuvent juger que leur job, leur famille, leur conjoint ou même leurs enfants sont un frein à l'expression de leur plein potentiel et décider de les quitter.

© Rf Studio

Pour aller plus loin

La Miviludes (mission interministérielle de vigilance et de lutte contre les dérives sectaires) caractérise les dérives sectaires en s'appuyant sur les 10 critères de dangerosité établis par la commission d'enquête parlementaire de 1995 :

1. l'emprise mentale • 2. la rupture avec l'environnement • 3. les exigences financières exorbitantes • 4. l'existence d'atteintes à l'intégrité physique et psychique • 5. l'embrigadement des enfants • 6. l'existence et l'importance des démêlés judiciaires • 7. le discours antisocial avec la diabolisation du monde extérieur • 8. les troubles à l'ordre public • 9. l'éventuel détournement des circuits économiques traditionnels • 10. les tentatives d'infiltration des pouvoirs publics et des milieux économiques

Toutes les ressources sont sur : miviludes.interieur.gouv.fr.

Et cela s'accompagne d'une prise de risque financière ?

EF Tous ces parcours nécessitent des investissements. Il y a constamment une formation à suivre, on va de praticien en praticien, mais il y a aussi des livres, des objets, des compléments alimentaires à acheter... Cela provoque une sorte d'hyperconsumérisme. Mais ce n'est pas la seule question. Beaucoup décident de changer de voie professionnelle pour devenir à leur tour thérapeutes. Les impacts sociaux de ces croyances new age sont énormes.

Est-ce une mise en échec de la pensée politique au profit d'un hyperindividualisme ?

EF Beaucoup de personnes dans le new age se disent de gauche. Elles veulent créer des communautés d'entraide, avoir une action sur le climat... On a l'impression qu'il s'agit de faire émerger un nouveau monde. En réalité, masqué par cette notion de communauté, le new age pousse un peu plus loin l'individualisme. L'idée n'est pas de changer socialement une société, de faire changer les lois, par exemple. Il s'agit surtout de se sentir bien, de revenir vers soi, de créer sa propre bulle. Les projets consistent à se regrouper dans un lieu génial autour de communautés qui s'« autosuffisent ». Cette tendance est très visible dans l'écospiritualité, qui propose plutôt des incantations ou des méditations collectives..., des actions qui se jouent donc à un niveau éthérique, pas très palpable...

Le XXIe siècle sera spirituel

Propos recueillis par

Marc Bonomelli

Petit-fils d'un communiste athée et fils d'une Auvergnate convertie à l'islam, Abdennour Bidar s'est construit entre la philosophie européenne, rationnelle et spéculative qu'il a étudiée à l'École normale supérieure et la sagesse islamique, sensible et mystique. Avec la psychologue Inès Weber, il a cofondé Sésame. Le lieu n'est affilié à aucune religion ou spiritualité particulière et propose à des athées, à des agnostiques et à des croyants de différentes confessions de partager trois expériences : la pratique du silence, l'étude des sagesses, la fraternité sans frontières. Observateur attentif du monde moderne et occidental, Abdennour Bidar propose d'entretenir le dialogue entre les différentes cultures et philosophies. Son leitmotiv ? Réparer le tissu déchiré de notre société.

Portrait

Manuel Braun/ Contour by Getty Images

Abdennour Bidar

Que diriez-vous de la vie spirituelle des Occidentaux en 2023 ?

ABDENNOUR BIDAR Ce que j'observe à travers l'expérience de Sésame et mes interventions lorsque l'on m'invite sur ce thème, ce sont plusieurs phénomènes majeurs. Tout d'abord, l'intuition de plus en plus partagée que « quelque chose » est à chercher du côté du « spirituel » qui manque dans nos vies personnelles et collectives. L'individu contemporain étouffe dans un monde matérialiste. Nous comprenons peu à peu qu'on ne fabrique pas de la civilisation seulement avec du progrès technologique et du confort matériel. Je mets cependant des guillemets à ce « quelque chose » de « spirituel » que nombre de gens se mettent à chercher aujourd'hui, car beaucoup sont démunis face à ce sujet. C'est le second phénomène : ils sentent certes un manque et un besoin, mais, dans nos sociétés sécularisées, très profanes, souvent, cette aspiration ne sait pas identifier ce manque. Et une fois qu'on a dit « spirituel », ce qui est vague, on ne sait plus dans quelle direction chercher.

Ce besoin de renouer avec une vie spirituelle et ce flou qui fait qu'on ne sait pas où chercher expliquent-ils l'explosion de pratiques autour de thérapies énergétiques, le développement personnel à tendance spirituelle, le néochamanisme ou le néopaganisme ?

AB Les religions traditionnelles déclinent, en effet, et sont très en difficulté pour adapter leur message aux aspirations spirituelles d'aujourd'hui. Nombre de croyants se posent des questions et cherchent à s'émanciper d'une tradition jugée trop « enfermante ». On le voit du côté de l'Église catholique ou du côté de l'islam, qui donne par ailleurs l'impression d'être une religion pleine de certitudes. Beaucoup de croyantes et de croyants tentent quelque chose d'intéressant : ils ne veulent ni renier leur foi ni se soumettre à la tradition, aux conservatismes, aux coutumes. Ils cherchent une voie de liberté personnelle. Mais, en effet, beaucoup cherchent aussi en dehors des religions, du côté des « nouvelles spiritualités » que vous citez, qui prennent parfois leur source dans des cultures très anciennes. Tout cela ne relève pas seulement du « besoin de croire », comme l'a dit la modernité occidentale un peu méprisante à ce sujet. La vie spirituelle est une composante aussi naturelle qu'essentielle de la vie humaine. Je crois que, comme le disait le jésuite et philosophe Teilhard de Chardin, « nous ne sommes pas des êtres humains en quête d'une vie spirituelle, nous sommes des êtres spirituels engagés dans une vie humaine ». Ce que dit de nous ce « besoin de croire », c'est l'importance de vivre pleinement humains : esprit, âme, corps. Ce que l'on nomme « esprit » est la part transcendante et immortelle de nous-mêmes, qui n'est pas une « croyance » mais une expérience telle qu'elle est réalisée par ces saints et sages du passé ou du présent qui témoignent, par leur parole, leur silence, du rayonnement qui s'est éveillé en eux comme leur véritable nature. Ils disent « je dormais et je me suis réveillé ». Bref, comme nous le disait Platon, la condition humaine est l'aventure d'un être qui va sortir de la caverne obscure de l'ignorance, c'est-à-dire d'un niveau de conscience limité, à la lumière du plus grand dehors.

Pensez-vous que les grandes traditions religieuses peuvent répondre aux aspirations spirituelles des individus d'aujourd'hui ?

AB Il n'y a de solution toute faite nulle part. On peut chercher utilement dans bien des directions. Oui, les uns trouveront

© Firshad Tuttoos

« La vie spirituelle est une composante aussi naturelle qu'essentielle de la vie humaine. »

encore à se nourrir des voies anciennes, des religions traditionnelles. D'autres au contraire conduiront leur quête sur des voies ou avec des méthodes plus récentes comme la pleine conscience (*mindfulness*). Il y a évidemment aujourd'hui aussi beaucoup de choses assez farfelues sur ce véritable « marché » du spirituel qui n'échappe pas au consumérisme frénétique de nos sociétés. Mais c'est à chacun de construire son discernement, d'apprendre à reconnaître ce qui est sérieux ou ne l'est pas, à se méfier de beaucoup de choses séduisantes et spectaculaires mais qui peuvent créer des situations de fascination, de dépendance, d'aliénation : les états de conscience modifiés, les émotions les plus puissantes, les voyages psychiques, les dialogues avec des « entités supérieures » (anges, esprits, etc.), les « gourous » hypercharismatiques. On cherche souvent les expériences les plus fortes, dans le domaine spirituel comme dans la vie en général. Mais ce qui compte, comme le disent les maîtres, c'est de creuser en un seul endroit suffisamment longtemps pour trouver l'eau. Or ce que j'observe, c'est la difficulté énorme de bien des gens à se concentrer ainsi dans une seule direction, à suivre un chemin au lieu de papillonner indéfiniment de spiritualité en spiritualité. Dès qu'on est vraiment confronté à la difficulté, on s'en va. On cherche un nouvel *ego trip*, une nouvelle excitation spirituelle, une nouvelle décharge émotionnelle, sans

À LIRE

Abdennour Bidar, *Les Cinq Piliers de l'Islam et leur sens initiatique*, Albin Michel, 2023

Abdennour Bidar, *Génie de la France, le vrai sens de la laïcité*, Albin Michel, 2021

Abdennour Bidar, *Les Tisserands, réparer ensemble le tissu déchiré du monde*, Les Liens qui Libèrent, 2016

À VOIR

Abdennour Bidar, « Sens des rites », intervention donnée au centre Sésame. YouTube, chaîne du centre Sésame

« Nous passons à une nouvelle ère de la vie spirituelle, où l'autonomie spirituelle se cherche dans une démocratie spirituelle. »

© Nick Wehrli

arrêt ailleurs une nouvelle révélation... Cette inconstance me frappe beaucoup, et je ne peux que répéter, face à cela, le conseil ancien de se concentrer au lieu de se disperser.

Est-il possible pour chaque individu de créer ses propres rituels, ou est-ce que la pratique spirituelle devrait nécessairement impliquer une dimension de communauté ?

AB L'alternative n'est pas aussi fermée. On peut imaginer, et créer, une communauté ouverte. Une communauté qui accepte sa diversité interne. Une communauté de quête et pas de forme. Au Sésame, par exemple, nous rassemblons des chercheurs de tous horizons, qui ont chacune et chacun leur propre voie, leur propre pratique, ou qui cherchent encore leur propre pratique. Nous sommes ainsi réunis par une intention, celle de mettre nos vies spirituelles au centre de nos existences, pour leur communiquer le souffle dont elles ont besoin. C'est pourquoi nous ne proposons pas d'effectuer ensemble un rite particulier : ce serait imposer à tous la même pratique. À la place, nous ne proposons que de partager un silence, une heure le matin, une heure le soir, avec pour les uns et les autres la possibilité bien sûr de ne pas rester une heure entière. Ainsi, nous communions bel et bien mais de façon libre : chacune et chacun habite ce silence comme il le souhaite, certains méditent, d'autres prient, d'autres lisent, etc.

Les communautés spirituelles anciennes ne fonctionnaient pas sur ces modalités.

AB En effet, pour faire communauté, il fallait accomplir les mêmes rites, croire aux mêmes dogmes. Ce sera donc la responsabilité spirituelle du XXIe siècle que de permettre de vivre ensemble, sans contradiction, la liberté et la communauté. Mais encore une fois une communauté ouverte, fluide, libre, où certains suivent les rites anciens et où d'autres font cette démarche de créer leur propre pratique, non pas *ex nihilo* mais souvent à partir d'éléments empruntés ici ou là – des éléments de rituel, des paroles puisées dans les textes sacrés, dans la poésie, dans les chants traditionnels. La communauté ouverte va avoir pour fonction, dans cette perspective, d'exercer la tolérance et l'entraide entre tous, d'être un écosystème de biodiversité spirituelle où chacun trouve les conditions propices pour vivre selon sa propre voie, sa propre façon de méditer ou de prier. Cela n'exclut pas, bien sûr, que certains choisissent à tel moment de partager une façon de méditer ou de prier, mais, je le redis, de façon non mécanique ni imposée, et dans le plein respect des autres façons de faire.

On parle aujourd'hui beaucoup de « bricolage » spirituel... Que pensez-vous de cette expression ?

AB Je crois que c'est bien plus noble et historique que cela. Nous passons à une nouvelle ère de la vie spirituelle, où l'autonomie spirituelle se cherche dans une démocratie spirituelle. Elle aussi se cherche et commence à se constituer, en actes, partout où émergent de telles communautés libres et fraternelles, de telles communions ouvertes et solidaires.

Essais, films, séries..., les ressources pour aller plus loin

À lire, à voir, à écouter

Par Béatrice Sutter

Problemos de et avec Éric Judor

Film – 2017

Victor et sa compagne Jeanne passent quelques jours dans une communauté militante. Occupant une zone à défendre, les membres de la communauté s'érigent contre la technologie, le patriarcat et la société de consommation. Un matin, ils découvrent qu'une pandémie a décimé toute la population. Devenus les seuls survivants sur Terre, ils vont devoir tester la résistance de leur organisation face à des problèmes d'envergure inattendus.

Problemos d'Éric Judos
© Serge Blondeau

Méta de Choc d'Élisabeth Feytit

Podcast – Série née en février 2019

Et si on se demandait pourquoi on pense ce qu'on pense ? C'est l'ambition de la série de podcasts d'Élisabeth Feytit, qui nous emmène explorer nos conditionnements mentaux – culturels, religieux, familiaux, idéologiques ou biologiques. Il est question de développement personnel, de psychanalyse, de pensées positives, de féminin sacré... Élisabeth Feytit nous prévient, cet exercice s'avère souvent choquant. Passionnant, toujours.

Méta de Choc d'Élisabeth Feytit
© Méta de Choc

Courage, croyons ! Pour en finir avec les clichés anti-religieux Yann Boissière

Essai – Éditions Desclée De Brouwer – 2022

Dans cet essai court et dense, le rabbin Yann Boissière décortique les biais et les clichés, plus ou moins inconscients, qui entourent le fait religieux. Depuis le XVIIIe siècle, on a tenu à l'écart de la vie intellectuelle toute approche spirituelle. Si Yann Boissière ne condamne pas *a priori* cette volonté, il regrette que cette suspicion fasse oublier que les religions ont accumulé depuis des siècles un trésor de sagesses et de réflexions pour penser les problèmes du monde.

Un monde plus grand de Fabienne Berthaud

Film – 2019

Corine vient de vivre un deuil douloureux quand elle part en reportage en Mongolie. Elle doit enregistrer des chants traditionnels, mais une rencontre va bouleverser sa vie : Oyun lui annonce qu'elle a reçu un don et qu'elle doit être initiée aux rites chamaniques. Le film repose sur l'histoire vraie de Corine Sombrun, laquelle a aujourd'hui terminé son initiation comme chamane et étudie avec des chercheurs les effets de la transe et des états modifiés de conscience sur le cerveau.

La Meilleure Version de moi-même de et avec Blanche Gardin

Série – 9 épisodes – 2021

Tout commence par un problème intestinal chronique. La médecine ne semblant rien pouvoir pour Blanche Gardin, celle-ci finit par se tourner vers des méthodes alternatives. Dans la foulée, elle se persuade qu'elle doit abandonner la scène pour renouer avec son moi profond. Jeûne, groupe de parole, chirurgie spirituelle, découverte de ses vies antérieures... Blanche Gardin est prête à tout tester, tout transmettre. Une quête semée d'embûches racontée avec un humour acide.

La Meilleure Version de moi-même de Blanche Gardin
© CANAL +

Les Nouvelles Routes du soi. En immersion chez les nouveaux spirituels Marc Bonomelli

Enquête – Arkhê éditions – 2022

Méditation sur appli, hypnose pour arrêter de fumer, retraites chamaniques, cercles de sorcières, tarot... : les nouvelles spiritualités explosent. Du désert de l'Atlas aux forêts de Bretagne, en passant par les tours de La Défense, le journaliste Marc Bonomelli est parti en immersion pour cartographier ces nouvelles pratiques. Une enquête de terrain charpentée par l'intervention de chercheurs.

© Arina Krasnikova

Les Yeux de ma chèvre Éric de Rosny

Récit – Plon – 1976

Pendant cinq ans, Éric de Rosny, jésuite français, a été initié au Cameroun par les guérisseurs-sorciers. Ce récit rare, fascinant, raconte l'itinéraire de son auteur, capable de naviguer entre sa culture de prêtre catholique et celle des « Maîtres de la nuit ». Éric de Rosny explique y avoir « gagné la vue, l'aptitude à regarder différemment les choses de la vie ».
À écouter également, les cinq émissions sur France Culture – « À voix nue » – où Éric de Rosny raconte son parcours.

Mission interministérielle de vigilance et de lutte contre les dérives sectaires

Rapport d'activité 2021

Dans le cadre de sa mission, la Miviludes a rendu son rapport d'activité fin 2022. Il insiste sur plusieurs points : les dérives sectaires ont été renforcées par la crise du Covid, les outils numériques ont été largement utilisés pour leur diffusion, le lien entre dérives conspirationnistes et sectes se renforce. À lire en ligne.

Sorcières. La puissance invaincue des femmes Mona Chollet

Essai – La Découverte – 2019

Les sorcières sont partout, qu'on les découvre sur Etsy à vendre des grimoires ou sur Instagram postant des photos de leurs autels ornés de cristaux. D'aujourd'hui ou d'hier, la sorcière serait un personnage archétypal qui traverse les époques. Elle incarnerait un éternel féminin étouffé par une société patriarcale qui redoute une triple figure : la femme indépendante ; la femme sans enfant ; la femme âgée. L'essai de la journaliste Mona Chollet a fait grand bruit au moment de sa sortie, même si des historiens ont modéré certaines de ses affirmations.

La mésinformation scientifique des jeunes à l'heure des réseaux sociaux Fondation Reboot, Fondation Jean-Jaurès, Ifop

Étude – Janvier 2023

Entre platisme, astrologie, créationnisme, sorcellerie et vaccinophobie, cette étude montre la sécession d'une partie de la jeunesse d'avec le consensus scientifique : les adeptes des thèses conspirationnistes et plus généralement des croyances irrationnelles sont particulièrement nombreux chez les jeunes, notamment chez ceux qui utilisent beaucoup les réseaux sociaux. À consulter en ligne.

Les Marchandises émotionnelles sous la direction d'Eva Illouz

Essai – Premier Parallèle – 2019

Les marchandises ont acquis un nouveau statut : celui de nourrir nos émotions. Et ce sont nos émotions elles-mêmes qui sont converties en marchandise. C'est ce que cet ouvrage collectif définit comme « les marchandises émotionnelles », qui visent à transformer et à améliorer le moi. Les auteurs pointent ainsi une caractéristique majeure de nos sociétés – une marchandisation qui entre plus en profondeur dans nos expériences intimes – et interrogent – en se gardant de tout jugement – l'authenticité de l'individu moderne.

© Knape

L'équipe

Adrien de Blanzy
Directeur de la publication

Béatrice Sutter
Directrice de la rédaction

Laure Coromines
Journaliste

Florence Banville
Chargée d'édition et iconographe

Violaine & Jérémy
Directeurs artistiques
assistés de Mathilde Dubois

Sophie Viguier
Correctrice

Jérémie Capo
Community Manager

Anaïs Delanne
Community Manager junior

Développement commercial
Émeric Latimier
emeric@ladn.eu
Pierre Meurisse
pierre.meurisse@ladn.eu
Kévin Vergobbi
kevin@ladn.eu

Service Abonnements :
L'ADN – Service Clients
abonnements@ladn.eu
Abonnement : 98 € TTC/an
Abonnement hors France :
129 € TTC/an

L'ADN est édité par :
Les Éditions de la Communication
Filiale de L'ADN Groupe
13, rue Chapon, 75003 Paris
redaction@ladn.eu
www.ladn.eu
Tél. : 01 44 59 23 00
Fax : 01 44 59 23 03

RCS Paris 519 884 712, NAF : 5814 Z
Président : Adrien de Blanzy

Commission paritaire : 0325 K 92543
ISSN : 2824-6926
ISBN : 979-10-94283-36-3
Dépôt légal : mars 2023
Imprimerie : Gibert Clarey Imprimeurs
Rue Charles-Coulomb
37170 Chambray-les-Tours

Polices de caractères

Canela *par Commercialtype,* Eros *par VJ Type,* , Ferry *par Letters from Sweden,* GT Pressura *par Grilli Type,* Lyyra et Saol *par Schick Toikka,* Windsor.

Les contributeurs

Couverture

Photographie
Studio Saga
Yann Kukucka
studiosaga.fr
@le_studio_saga

Modèle
Anna
@anna_elr
@suprememgmtparis

Make-up
Delphine Kellogg
kelloggdelphine.com

Ont contribué à ce numéro

Marc Bonomelli
Nastasia Hadjadji

Je m'abonne

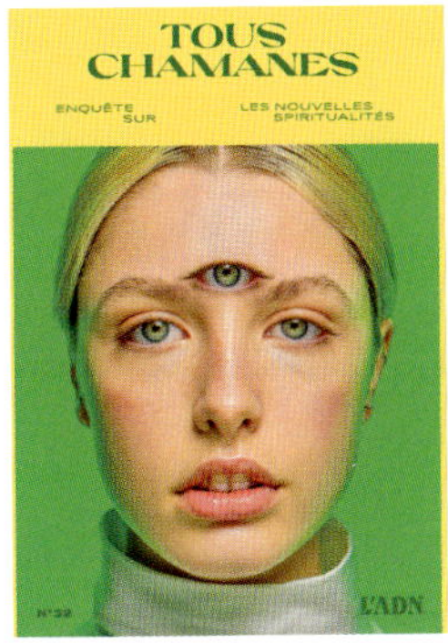

À nous retourner
Les Éditions de la Communication
13, rue Chapon, 75003 Paris
Tél. : 01 44 59 23 00

◯ **Oui, je souscris ....** abonnement(s) d'1 an à L'ADN, au prix de 98 € TTC (TVA 2,10 %)
Abonnements hors France = 129 € TTC

Votre abonnement inclut :
4 numéros de la revue *L'ADN* + le *Livre des Tendances 2023*
98 € (au lieu de 109 €)

◯ **Je souhaite recevoir ....** exemplaire(s) du numéro ..... au prix de 19 € TTC (15 € + 4 € de frais de port)

◯ **Je souhaite recevoir** un exemplaire du *Livre des Tendances 2023* au prix de 59€ (+ 4 € de frais de port)

◯ **Je joins mon règlement de ......** TTC, par chèque à l'ordre de L'ADN avec mes coordonnées complètes et mon adresse e-mail. Je recevrai une facture acquittée.

L'ADN
le Studio

Parce qu'il est urgent de se hisser collectivement à la hauteur des enjeux de l'époque, L'ADN a créé L'ADN Studio pour accompagner les entreprises et institutions qui cherchent à :

- **S'acculturer** pour mieux comprendre et/ou anticiper l'impact des transitions en cours (écologique, numérique, démographique, démocratique...) sur leur organisation
- **Raconter** autrement leur proposition de valeur extra-financière et renouer un dialogue exigeant – car ouvert à l'autocritique – avec les parties prenantes de leur écosystème
- **Démontrer** leur thought leadership pour développer attractivité business et marque employeur à travers la détection

Plus concrètement, nous proposons à nos clients 3 types d'accompagnement : **Inspiration & Prospective, Brand Content et OPS sur L'ADN, Médias en marque blanche**.

ILS NOUS FONT CONFIANCE :

ADOBE, AXA, BNP PARIBAS, CASTORAMA, CÉLINE, CNRS, DECATHLON, ENGIE, FRANCE TÉLÉVISIONS, IRCAM AMPLIFY, KASPERSKY, LEBONCOIN, MACIF, MICROSOFT, PARIS 2024, PERNOD RICARD FRANCE, RÉGION OCCITANIE, RENAULT, VEOLIA, WEBEDIA...